ハンディ版

毎日開運！
龍体文字のパワー

全48文字　徹底解説!!

森　美智代

河出書房新社

はじめに

2016年のある晩、夢の中に見知らぬ女の方が出てきて、「お手伝いします」と言って去っていかれました。「誰？　何を助けてくださるの？」と思って目が覚めました。

その日の午後、注文していた本が届きました。それは、神代文字《じんだいもじ》に関する本です。その数冊をパラパラめくっていると、その中の一冊の本の著者近影に、夢の中の女の人の姿があるではありませんか。その本は、画家の龍敬子《りゅうけいこ》さんの本で、龍体文字《りゅうたいもじ》が書かれていました。

これはいったいどういうことだろうと不思議に思いつつ、龍体文字を勉強して書いてみたらいいのかなと思い、他の方の龍体文字の本も見ながら書いていくうちに、龍体文字の「きに」を書くと痛みが止まることなどがわかりました。鍼灸師《しんきゅうし》なので、私のもとへは痛みをかかえている人たちが毎日やって来ます。

そんなとき、患者さんの膝や腰に、マジックで「きに」と書くと痛みが止まり、大変不思議でした。

そして、お金に困っていると聞けば、龍体文字の「く」を書いたらいいですよ、と伝えると、大変助かったと報告を受けたりもしました。

また、イベントの集客が少なくて大変、という声を聞いたときは、龍体文字の「つる」をチラシに書けばいいですよ、と伝えたところ、不思議に満員になったという報告も受けましたし、CDが売れないと困るという人にもこの文字のことを伝えたところ、おかげさまで売れましたと喜ばれました。赤ちゃんが早くほしいという声を聞いたときは、龍体文字の「おれ」を書いたらいいと伝えたところ、その後1か月で妊娠したとか、さまざまな喜びの報告を受けております。

また、蚊に刺されたところが痒《かゆ》かったら、そこに龍体文字の「ぬ」を書くと、たちどころに痒みがなくなり、驚かれます。アトピー性皮膚炎の方は痒くて眠れないので、少しくたびれたTシャツにマジックで「ぬ」を一面に書き、それを着て寝ると楽になってぐっすり眠れたそうです。

どこかに行って具合が悪くなった方は、龍体文字の「ふ」を症状が出ているところに書くといいです。たとえば病院へお見舞いに行って、ただ座っていただけなのに肩が痛くなったといった場合は、「ふ」を書くといいでしょう。それでもよくならなかったら、「きに」を書くといいかもしれません。

それから、大事なものがどこかにいってわからなくなったときは、龍体文字の「ゐさ」を手のひらに書いて探すといいです。車の鍵が失くなって4日間も探していた方が、龍体文字の「ゐさ」を思い出し、手のひらに書いて探したところ、すぐに見つかったとか、家の鍵が見つからず困っていたけれど、龍体文字の「ゐさ」を思い出して書いたら、失くしたときのことが映像で浮かんできて見つけることができた、という報告も受けました。

台風が接近していて、何とか被害を少なくしたいと思うときは、携帯で台風の雲の写真を取り込み、お絵描きソフトで龍体文字の「ねせ」を雲の上に書くと、予想より被害が少なくすむようです。

また、龍体文字で「いろはにほへと」を書くと、出血が止まるという効果があります。妊娠初期の妊婦さんが出血があるというので、お腹にマジックで「いろはにほへと」と書いたところ、ピタッと止まったそうです。それから、生まれるまでずっと消えないように「いろはにほへと」を書き続けて無事に出産された方もおられます。産婦人科の診察のときに、お医者様に「これは何ですか?」と尋ねられたそうです。「龍体文字です」とはっきりおっしゃったそうですが、それ以上何も言われなかったそうです。

一番役立つ龍体文字は、「きに」です。先日は、70代の男性の家族の方から、悪性リンパ腫で余命宣告を受け、即刻入院になったということを聞いて、抗ガン剤を使うなら、「太古の水」を飲んで、龍体文字フトマニベレー帽を被り、神聖幾何学と龍体文字が書いてあるこの風呂敷を羽織ってね、と渡したところ、何と、脳の中のガンがなくなって、食欲も落ちずに元気にしているということでした。

また、緑内障《りょくないしょう》を患った女性で、片目が真っ黒で見えなくて、見えているほうの目も緑内障になっているという方が来られたので、まだ若いのに気の毒だなあと思い、生菜食をして、1日1万3000歩歩いて、番茶湿布で手当をして、龍体文字の「きに」を書いた麻のアイマスクをして寝てください、と伝えました。すると、生菜食4日目で見えなかった目が見えるようになったそうです。私自身、そんなに早く治るとは思っていなかったので、奇跡が起きたと思いました。その人は、「助けて森先生、甲田先生」と心の中で叫んでいたそうです。

龍体文字48文字、そのすべての文字の意味は自動書記で出ていなかったので、今回久しぶりに神さまとつながり、すべての文字の意味をひと文字ずつ尋ねました。どうやら神さまのほうはそれを待っておられたようで、私もよかったと思いました。

コロナの時代に現れた神さまは、前よりも愛を激しく情熱的に表したいと思っておられるようでした。この龍体文字でたくさんの人の心に安心とやすらぎを与えたいと思っておられるようでした。

今回は小さなサイズの本なので、お守りのように持ち、パワーをいただいてほしいと思います。

この本を手にしてくださった方が、龍体文字を活用して、楽しくすごされることを願っております。

森　美智代

第1章　ひと文字ひと文字にパワーがある龍体文字　25

第2章　奇跡を呼び、パワーを引き寄せる組み合わせ龍体文字　

ハンディ版　毎日開運！　龍体文字のパワー

この本の使い方

◎龍体文字のひと文字ひと文字にある意味を、自動書記《じどうしょき》で調べました。自動書記とは、自分の意思とは関係なく手が動き、神さまやあの世の人からのメッセージが勝手に記されていく現象のことです。

その能力を使って、私のもとにいる神さまに「龍体文字の「と」はどういう意味ですか」という具合に、ひと文字ひと文字質問し、自動書記で答えていただいたのです。

神さまの御意思のままに手が勝手に動いて文字を書いているので、自動書記による文字はほとんどがひらがなで、中には意味の通じにくい箇所も存在します。そこで本書では、漢字を加えてわかりやすくし、私なりに読み解いた自動書記を「自動書記の解釈」として記しています。

◎龍体文字を使って運気を上げたい、願望をかなえたいという人は、まず、龍体文字を書くことから始めましょう。書き順の決まりはとくにありません。本書では各ページに書きおろした龍体文字を大きく収録していますので、じっくり観察しながら書いてください。

◎特定の願いをかなえるために書くときは、その願いをかなえたい部位に書きます。痛みや痒みなど、症状を止めたいのであれば、その症状のある患部に龍体文字を書きます。からだに直接書くときは、油性マジックを使うとよいでしょう。

◎物事や場所を特定しない願いごとは、手のひらに龍体文字を書いて、3回呼吸すると、あなたの願いは天に届きます。龍体文字を書いた紙やものを、目につく場所に置いておいたり、お守りのように携帯したりするのもおすすめです。

◎龍体文字を声に出して読むと、日本語の音が持つエネルギーも受け取ることができて、よりパワーアップしたご利益が得られます。

◎フトマニ図は非常に強いパワーを秘めているので、部屋に飾ったり、お守りとして身につけたりするとよいでしょう。

◎龍体文字一覧を見ながら、自分の名前や願い、祝詞などを龍体文字で書いてみるのもよいでしょう。

◎龍体文字は誰が書いてもエネルギーが出ますが、私が書いた龍体文字には、とくに大きな癒《いや》しの力が込められているようです。本書では、書きおろしの龍体文字とフトマニ図を収録していますので、ご活用ください。私が書いた龍体文字をなぞることで、私の波動を受け取ることができます。

◎本書はハンディサイズなので、常に持ち歩き、龍体文字のパワーを受け取ってください。

龍体文字とは

日本語の音は、母音と子音からできています。これは他の国の言葉とは異なる大きな特徴です。島国であった日本は、他の国から侵略されて、「もう日本語を喋ったり、使ってはいけません」と言われたこともなく、自由に日本語を使ってきました。そして、この波動が魂や脳波に影響して、日本の心を作ってきたのでしょう。

日本語の音を形として残そうとしたものが文字です。

日本には神代文字といって、中国から漢字が伝わるずっと以前、神話が生まれた神さまの時代にできた文字が30種類ほどあります。

たとえば「カタカムナ文字（約５５００年前）」、３３００年前の文献『ホツマツタヱ』を記した「ホツマ文字」、「アキル文字」、「ホメミ文字」などです。

そして「龍体文字」も神代文字のひとつです。

龍体文字は約５６００年前（約５５００年という説もあり）にウマシアシカビ

ヒコジという13代目（12代目という説もあり）の神さまが作ったとされて、カタカムナ文字よりも古いとされる文字です。

ウマシアシカビヒコジという名前の神さまは、『古事記』に登場し、万物の生命力を神格化させたお姿といわれています。

龍体文字に秘められたパワー、フトマニ図のこと

日本語48文字が書かれたフトマニ図は、森羅万象《しんらばんしょう》のすべてを表しているとされ、護符《ごふ》として大切に扱われていました。

この図は、豊受大神《とようけのおおかみ》が伊邪那岐命《いざなぎのみこと》・伊邪那美命《いざなみのみこと》の2柱の神に授けた〝神の座席図〟のようなものです。円形に配置されたひと文字ひと文字を神に見立て、48の神々が鎮座している様子を表しているといわれています。

中央の図形は宇宙の始まりを表しています。

2周目の八つの文字「とほかみゑひため」は、神道では「三種《みくさ》の祓《はらひ》」といわれ、最高の祓《はら》い言葉（祝詞）とされています。悪いものを祓って寄せつけない、強力なパワーを持つこの八つの文字を順にたどると、八芒星《はちぼうせい》左回りで配置されています。

続いて、3周目の八つの文字、「あいふへもをすし」は、「あわの歌」の頭文字になっています。「あわの歌」とは、ホツマ文字で書かれた3300年前の文献『ホツマツタヱ』の最初の章に出てくる歌で、五穀豊穣《ごこくほうじょう》を願う歌とされています。この歌を歌うと、五臓六腑《ごぞうろっぷ》、そして全身の細胞が感動のあまり震えだし、心身ともに美しくすこやかになると言われています。

そして一番外側には、「やま、はら、きに、ちり、ぬう、むく、えて、ねせ、こけ、おれ、よろ、その、ゆん、つる、ゐさ、なわ」の32文字が配置されています。

フトマニ図には、宇宙の森羅万象《しんらばんしょう》、五穀豊穣、八芒星《はちぼうせい》の形などが秘められ、それそのものがお守りになる最強のパワーを持っているのです。

書きおろし　龍体文字「フトマニ図」

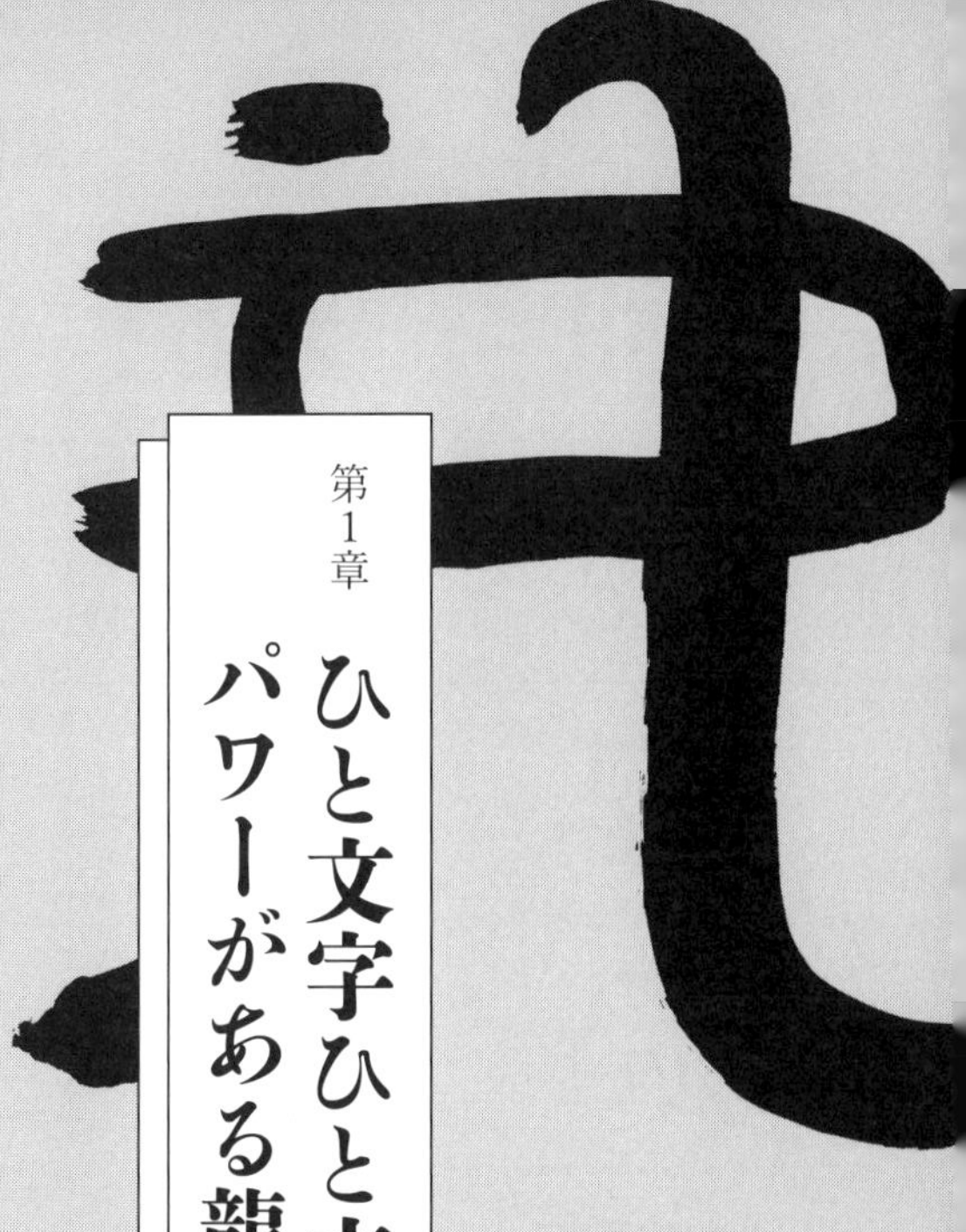

第1章

ひと文字ひと文字に パワーがある龍体文字

 や	 あ	 と
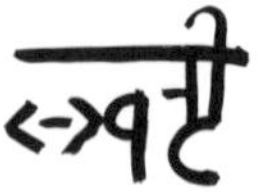 ま	 い	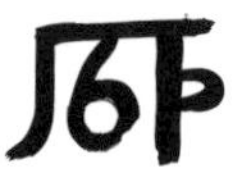 ほ
 は	 ふ	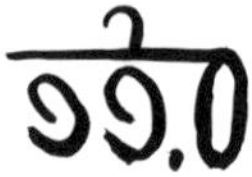 か
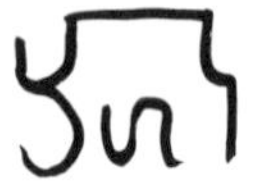 ら	 へ	 み
 き	 も	 ゑ
 に	 を	 ひ
 ち	 す	 た
 り	 し	 め

ゆ こ ぬ
ん け う
つ お む
る れ く
ゐ よ え
さ ろ て
な そ ね
わ の せ

とし

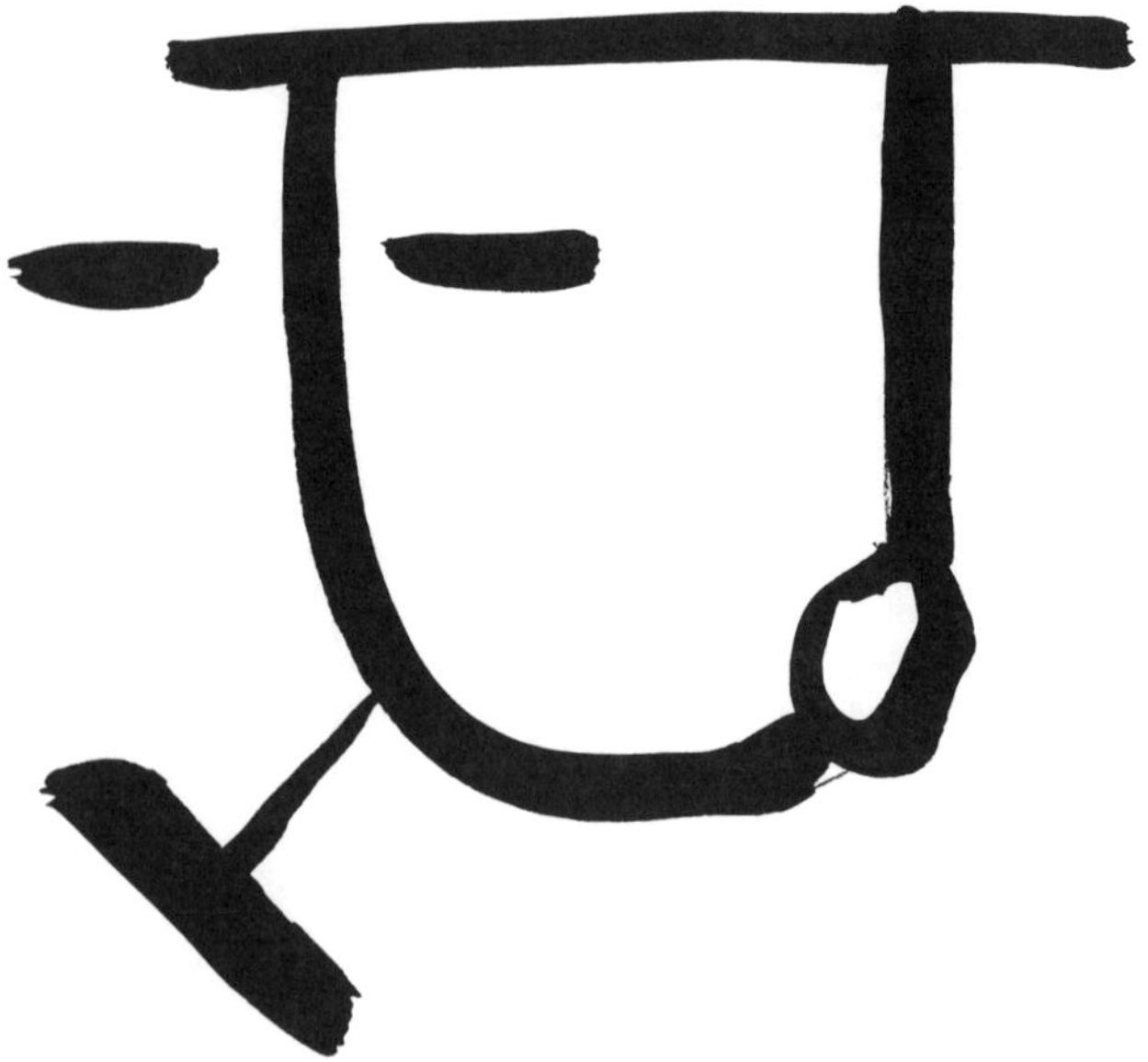

と

ネガティブな思考からの脱却

自動書記の解釈

すべての始まりです。最初の命令。波動《はどう》です。すべてともいえます。はじめに何があったのでしょう。

「と」の意味

フトマニ図の中心の円の最初の文字が「と」です。この文字は「すべての始まり」を表しているようです。何もないところから波動が起こり、地球が生まれていく、そのような誕生のエネルギーを秘めています。

創造の神は愛です。「と」は、まさに**愛の始まりのエネルギー**です。

「と」の持つ音のエネルギー

ネガティブ思考を脱したいときに役立つエネルギーを持っています。

ほ

ほ

心配・不安を解決に導く

自動書記の解釈

緊張の中におだやかさが生まれて、原則が始まり、渦《うず》ができてきました。左回りです。

「ほ」の意味

何かが生まれようとするときの、**拡大のエネルギー**を表しています。拡大のエネルギーを生み出すのは左回りです。今まさに物事が動き出そうとしているエネルギーの高まりをイメージすることができます。

「ほ」の持つ音のエネルギー

心配、不安、逆子を解決したいときに役立つエネルギーを持っています。

か

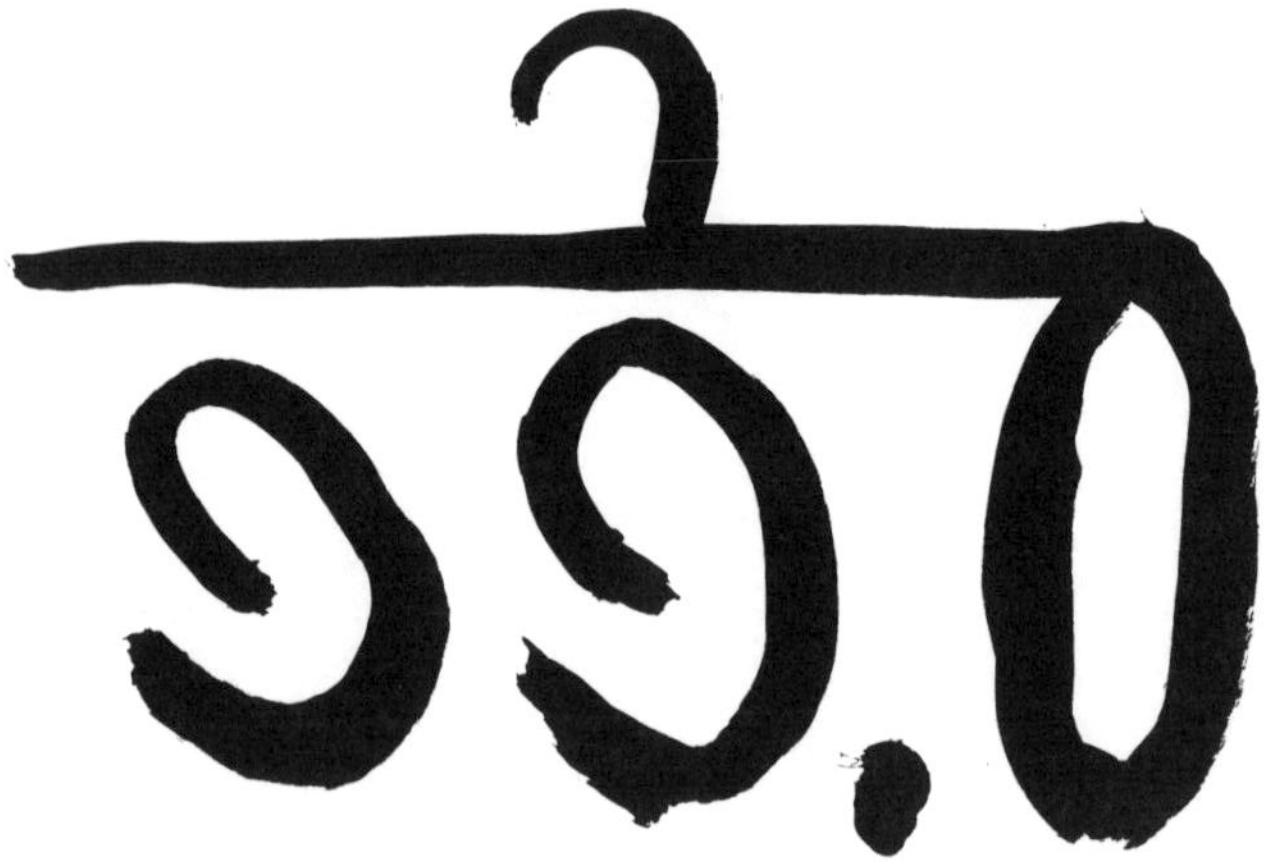

か

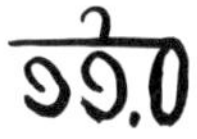

人に優しくできる

自動書記の解釈

気が結して血《けつ》となり、目に見えない世界から、目に見える世界が始まります。
神々だけの世界から、人のいるこの世が生まれてきたのです。

「か」の意味

拡大したものが収縮してかたまりとなり、ついに物質が誕生したことを表しています。「か」は人間の誕生、この世の物質界の誕生を意味する文字のようです。

「か」の持つ音のエネルギー

デートのときや、苦手な人に優しくしたいときに力を与えてくれるエネルギーを持っています。

み

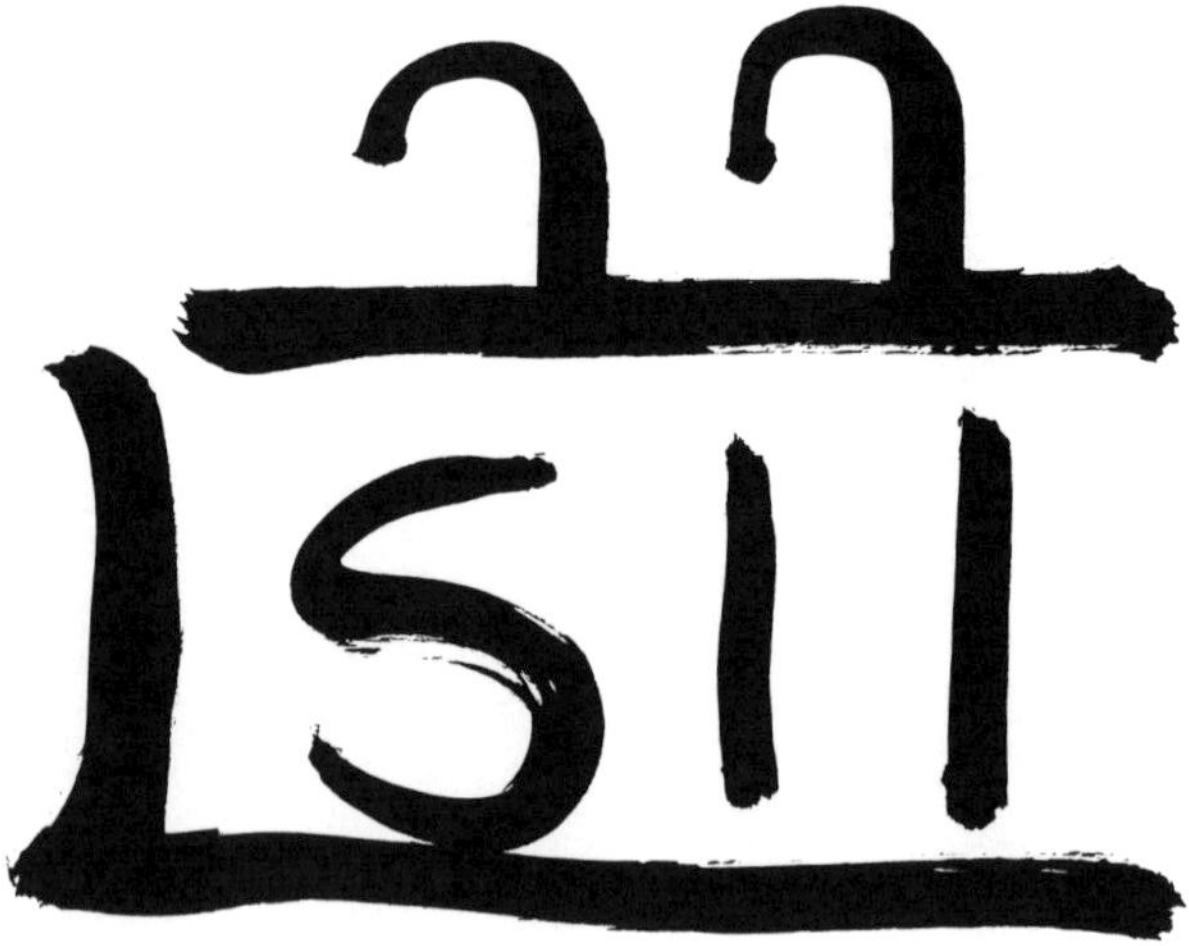

み
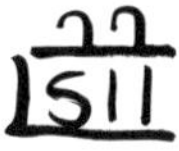

セミナーに行くときなどに活用すると、よい気が集まる

自動書記の解釈

この世が生まれてきて鉱物ができて、水が生まれてきました。混沌《こんとん》としたドロドロの世界から水とかたまりに分かれてきたのです。「み」の言葉は水に通じるので、清らかであり、また影響されやすく、鏡のような存在です。

「み」の意味

「み」は「水」に通じる文字のようです。清らかで、鏡のようにまわりの物事をそのまま映し出すエネルギーを持っています。

「み」の持つ音のエネルギー

セミナーに行く前などに活用するとよいエネルギーを持っています。また、**親友や古い友だちとの友情を深めてくれる**効果もあります。

ゑ

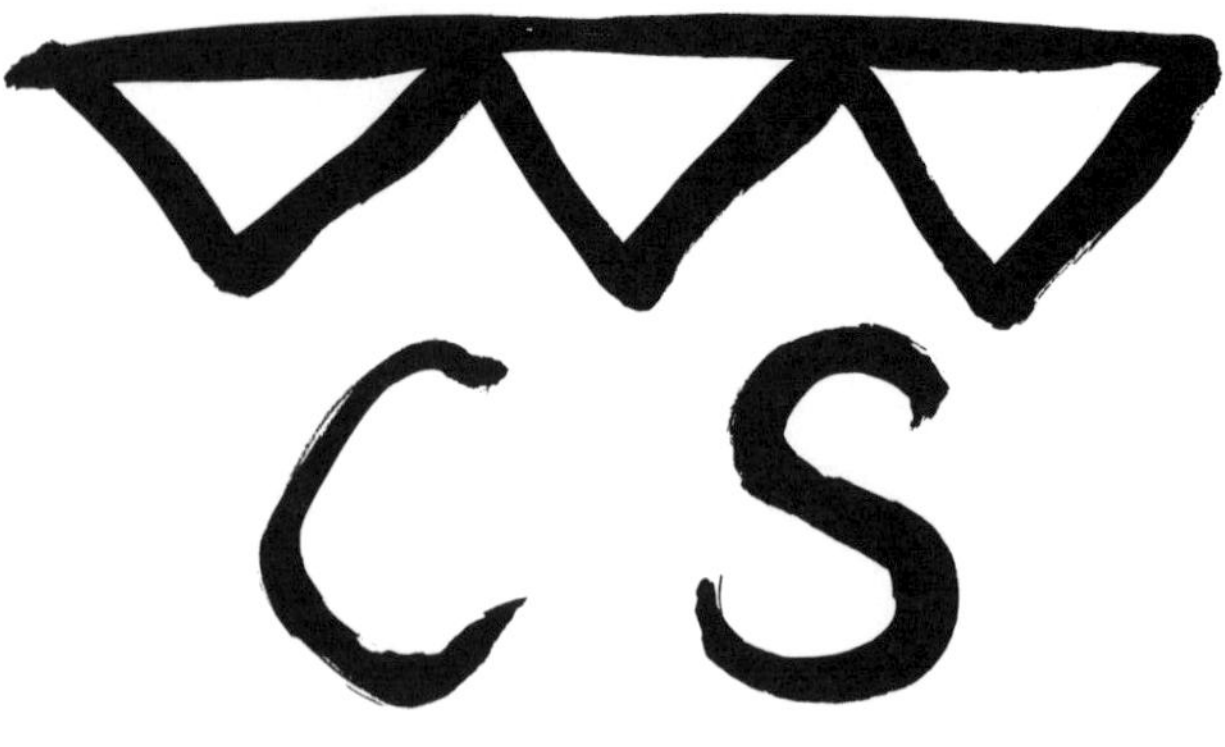

ゑ

美しさをサポートしてくれる

自動書記の解釈

かっこいい言葉です。きれいになりたい人が身につけるといいです。美の誕生です。太陽が出てきたときの美しさといったらないです。

「ゑ」の意味

「ゑ」は美の誕生を表す文字のようです。かっこよさや、**美しさをサポートしてくれる**エネルギーを秘めているようです。

「ゑ」の持つ音のエネルギー

過度な感情の高まりを抑えるのに役立つエネルギーを持っています。

ひ

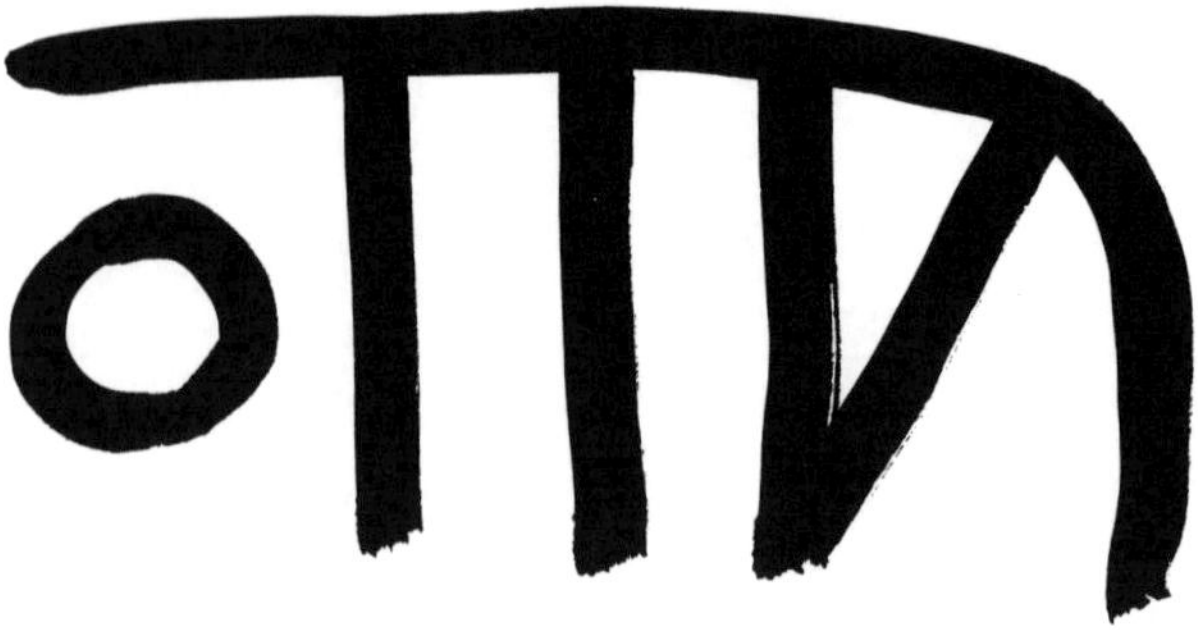

ひ

否定的な考えやこだわりを手放せる

自動書記の解釈

酸素ができて、微生物ができ、雷が落ちて、火が燃えるようになってきました。人は火を恐れていましたが、しだいに利用できるようになってきました。

「ひ」の意味

「ひ」は火を意味する文字のようです。火を利用して人が少しずつ進化していく様子が表されています。成長や進化のエネルギーを備えた文字ととらえることができます。

「ひ」の持つ音のエネルギー

変なこだわり、否定的な考えを手放したいときに役立つエネルギーを持っています。また、子どもや孫に使うと効果的です。

た

慈悲あふれる人になれる

自動書記の解釈

生物が、細胞が生まれてきました。微生物の世界です。広がっていく、集まっていく。仲良くなる。

「た」の意味

人間以外の他の生物の誕生を表しています。命の広がり、他の生き物と仲良くすること、共生といった意味が込められているのではないでしょうか。

「た」の持つ音のエネルギー

慈愛あふれるナイチンゲールのようになりたい人にピッタリのエネルギーを持っています。

め

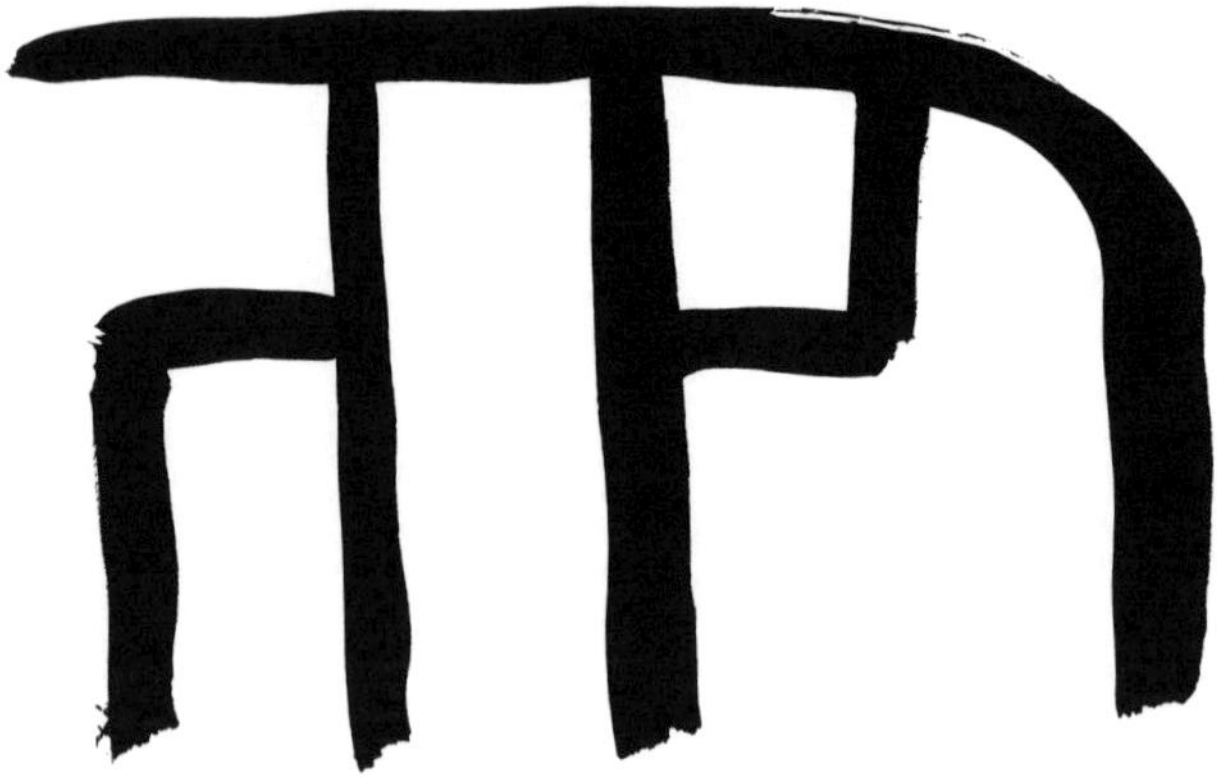

め

ショックなことが起きたときサポートしてくれる

自動書記の解釈

植物ができてきて、男性と女性ができてきました。二つの異なる性質のものができてきて、新たな法則と調和が生まれてきます。

「め」の意味

男性と女性の誕生を表す文字です。異なる性質のものが共存するための法則と、調和を生み出すエネルギーが「め」の文字にはあるようです。

「め」の持つ音のエネルギー

ショックなことが起こったとき、サポートしてくれるエネルギーを持っています。

あ

あ

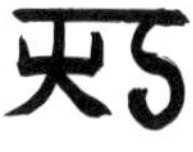

自分自身の意識を強める

自動書記の解釈

愛の言葉。宇宙のすべては愛に満ちていることを自覚してください。あなたが生きていることは、愛の表れであるのです。

「あ」の意味

「あ」は愛を表す文字のようです。神さまは、「宇宙の愛に包まれて生きていることを忘れないで」と伝えています。

「あ」の持つ音のエネルギー

天のエネルギーをつかさどり、**自分自身の意識を強める**エネルギーを持っています。

い

1!!0

い

楽しく、ワクワクした気持ちになる魔法の文字

自動書記の解釈

楽しいこと、面白いことをするときは「い」だ。何とかわいい字だろう。この字を書くと愉快になることでしょう。

「い」の意味

「い」は楽しいこと、愉快なことを表す文字のようです。見ているだけで楽しくワクワクした気持ちになるのが伝わってくる魔法の文字です。

「い」の持つ音のエネルギー

心を整えたり、発言と行動を一致させたりするエネルギーを持っています。

ふ

邪気を祓い、体内の循環を整える

自動書記の解釈

「ふ」は呼吸、聖なる息吹。神さまの聖なる息吹で、邪悪なものを吹き飛ばし、循環をよくして、清らかにします。

「ふ」の意味

呼吸を表す「ふ」という文字には、**邪悪なものを吹き飛ばす**力があるようです。**悪霊を祓《はら》い、清めることに役立つ**でしょう。病院とか、心霊スポットに行って、からだの肩や腰などが痛くなったり、具合が悪くなったりしたときに、その痛む場所に「ふ」をマジックで直接書くと、痛みが止まります。ホスピスのお医者さんが肩の痛みで来られたときに、「ふ」を書いたら、痛みがすぐに取れたことがあります。コップの側面と底に「ふ」を書き、水を入れると、水が清まります。それを飲む人も清まります。**血流をよくする**ので、手足が冷たくなって困る人は、手のひら、足の裏に「ふ」を書くと温かくなります。

「ふ」の持つ音のエネルギー

増えるエネルギーを持つので、**血流増加、冷え症改善**に効果的。また、**邪気をフーッと吹き飛ばし、祓う力**も持っています。

へ

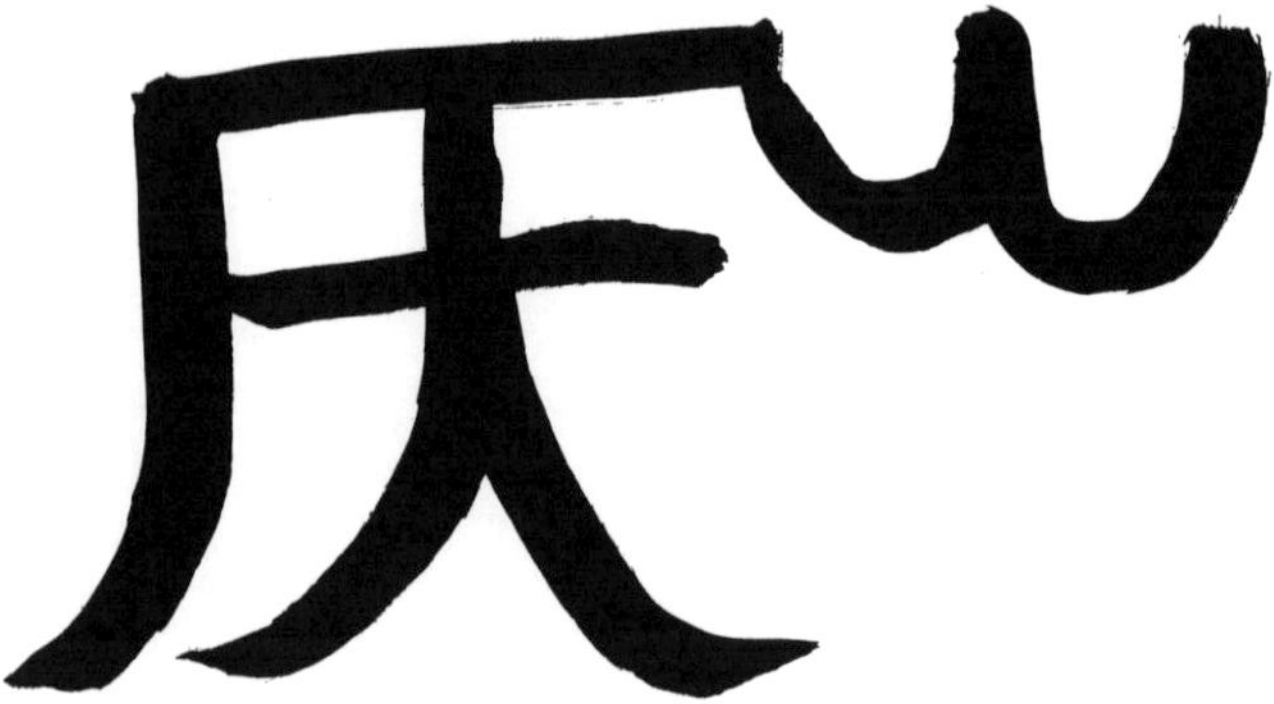

へ

トラウマ（心の傷）を癒し、メンタルを向上させる

自動書記の解釈

世界の平和のために、争いのない世界のために、「へ」を使って仲直りしましょう。

「へ」の意味

「へ」の意味は、平和です。「みんな仲良く争いのない世界にしましょう」という神さまの願いが表れています。

「へ」の持つ音のエネルギー

トラウマ（心の傷）を癒すエネルギーを持っています。心の傷を癒し、メンタルを向上させるエネルギーがあります。また、人々を仲直りさせたり、**嫌いとか苦手といった思考を緩和《かんわ》**させるエネルギーがあります。

も

も

精神的にも肉体的にも安定する

自動書記の解釈

少し面白い言葉です。

楽しいことをするときだけでなく、苦しいときにも使うとよいです。

「も」の意味

楽しい気持ちにしてくれる文字のようです。苦しいときにも、「も」の文字を使うと気分が晴れるのではないでしょうか。

「も」の持つ音のエネルギー

成熟のエネルギーを持っています。**動悸《どうき》、呼吸の乱れ、震《ふる》え、めまい**がするときなどに使うとよいです。

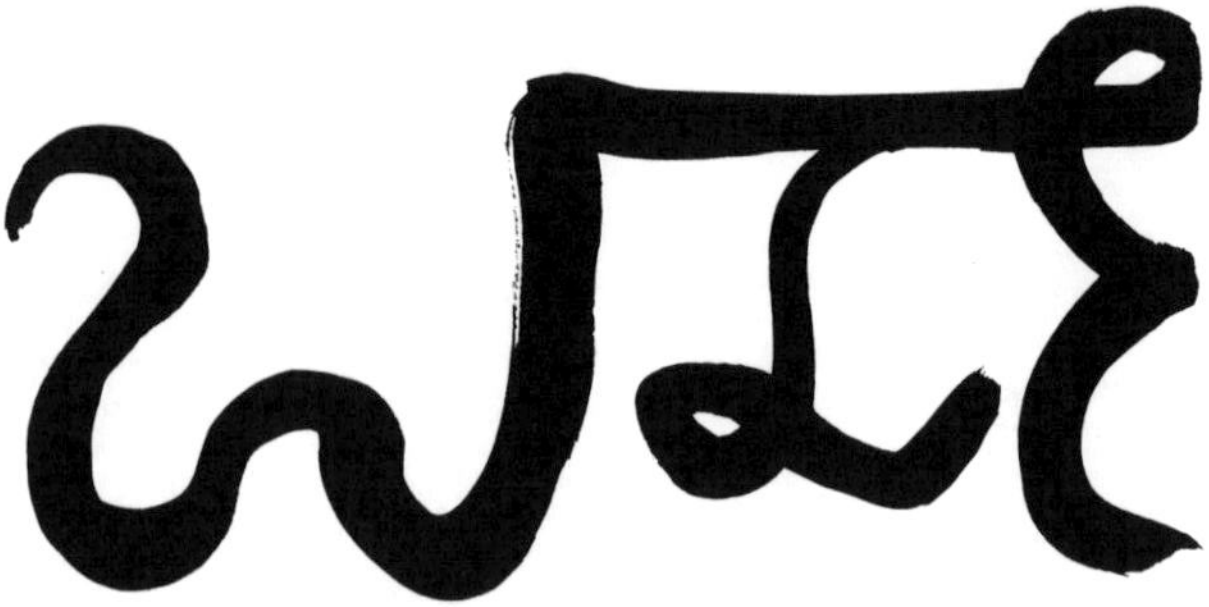

を

自然治癒力を高め、不思議なミラクルを起こす

自動書記の解釈

言葉をつなぐときの「を」は大事な言葉です。人と人とが仲良くなるように、続けるために必要です。言葉としてはそうですが、波動としても、ジョーカーのようにミラクルな働きをします。不思議な世界に連れて行ってくれる言葉です。

「を」の意味

「を」という文字は、言葉と言葉をつなぐように、人と人をつないでくれ、人間関係を円滑《えんかつ》にします。不思議なミラクルを起こすエネルギーもあるようです。「を」を手のひらに書くと、よい瞑想《めいそう》ができます。また、目に見えない世界とつながりやすくなります。

「を」の持つ音のエネルギー

自然治癒力を高めるエネルギーを持っています。

す

す

腫《は》れやむくみ、できものなどを和《やわ》らげる

自動書記の解釈

「す」の字を書くと緩《ゆる》みます。柔らかになります。緩みます。和《なご》みます。

「す」の意味

緊張したものを緩める働きを持つ文字。和やかな場を作りたいときや緊張を和らげたいとき、からだを緩ませたいときに使うとよいかもしれません。

「す」の持つ音のエネルギー

むくみ、腫れ、できものなどを和らげるエネルギーを持っています。

し

し

内臓が弱っているときに効果がある

自動書記の解釈

「し」は静寂です。静かになります。静謐《せいひつ》です。新たな活動の前の準備です。

「し」の意味

「し」は静けさを表す文字のようです。新しいことを始めようとするとき、心を鎮《しず》め、落ち着いて準備を整えるのに役立つ文字のようです。

「し」の持つ音のエネルギー

内臓が弱っているときに使うとよいエネルギーを発します。

や

切り替える、けじめをつけるときに最適

自動書記の解釈

気高く、厳しく。しかし、それは大きな愛の表れ。

「や」の意味

だからなのです。尊厳《そんげん》のあるものにひれ伏して、創造の神を想いましょう。

「や」の持つ音のエネルギー

切り替える、けじめをつけるといった意味のエネルギーを持っています。

ま

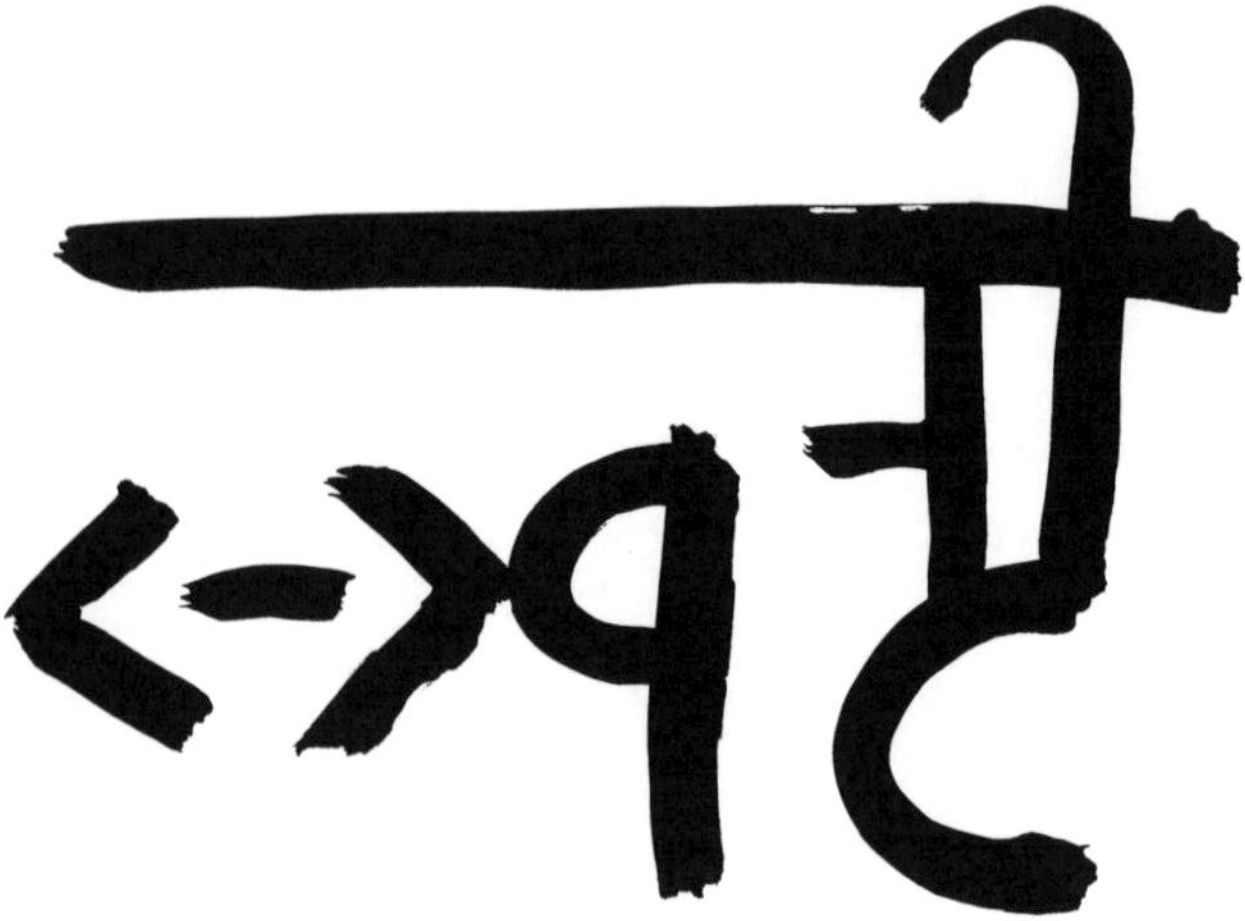

ま

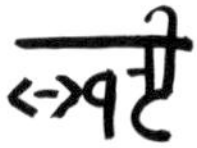

邪悪《じゃあく》でよこしまな心を遠ざける

「ま」の意味

温かい心のエネルギーです。包み込むような丸い波動です。

「ま」の持つ音のエネルギー

邪悪で、よこしまな心を遠ざけるエネルギーを持っています。

は

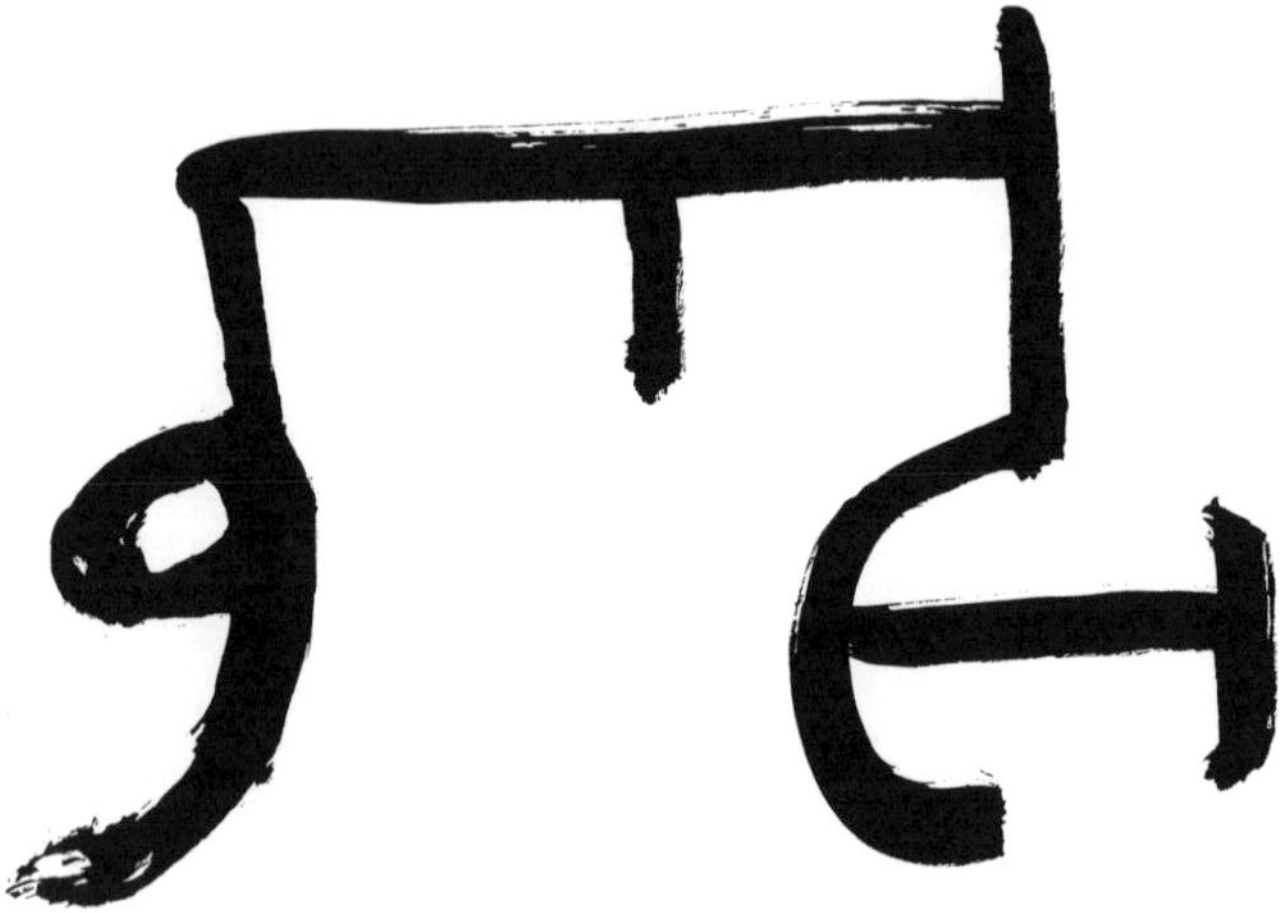

は

心を開き、交流を深めるのを助ける

「は」の意味

大きな心を持って、小さなことにこだわらないように、明るくすごすための文字です。

「は」の持つ音のエネルギー

心を開き、交流を深めたいときに力になってくれるエネルギーです。

ら

ら

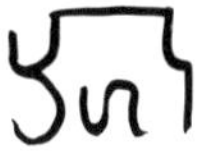

過剰な反応を分散。対人恐怖症にもおすすめ

「ら」の意味

優しい光の中で、今ここに、自分が神の光に包まれていることを感じてください。

「ら」の持つ音のエネルギー

過剰な反応を散らすエネルギーを持っています。**対人恐怖症**の方などにおすすめの音です。

き

き

宇宙のエネルギーと高いヒーリング効果

「き」の意味

中国では目に見えない生命力でした。人のからだの中に入って命となり、意識となり、精霊となるものです。

「き」の持つ音のエネルギー

宇宙のエネルギーです。**高いヒーリング効果**を備えています。

に

アイデアをうまくまとめてくれる

「に」の意味

大切なものを護《まも》り、育《はぐく》むことです。母のぬくもりです。

「に」の持つ音のエネルギー

アイデアを煮詰めたいときに効果的なエネルギーを持つ言葉です。

ち

ち

重いものを持ち上げられる

「ち」の意味

この世の実感をとても感じるエネルギーを持っています。

「ち」の持つ音のエネルギー

重たいものを不自由なく持ち上げるエネルギーを持っています。

り

り

他人からの決めつけを跳ね返す

「り」の意味

自分の本来の輝きがあらわになる助けをします。

「り」の持つ音のエネルギー

他の人からの決めつけを跳ね返すエネルギーを持っています。

ぬ

ぬ

ばい菌やウイルスを鎮め、魔法の痒《かゆ》みどめになる

「ぬ」の意味

痒みを抑えて、**血流を正常に戻す**働きがあります。蚊に刺されたとき、アトピー性皮膚炎などで痒いときにもよく効きます。**魔法の痒みどめ**です。

「ぬ」の持つ音のエネルギー

ばい菌やウイルス、痒みを鎮めるエネルギーを持っています。

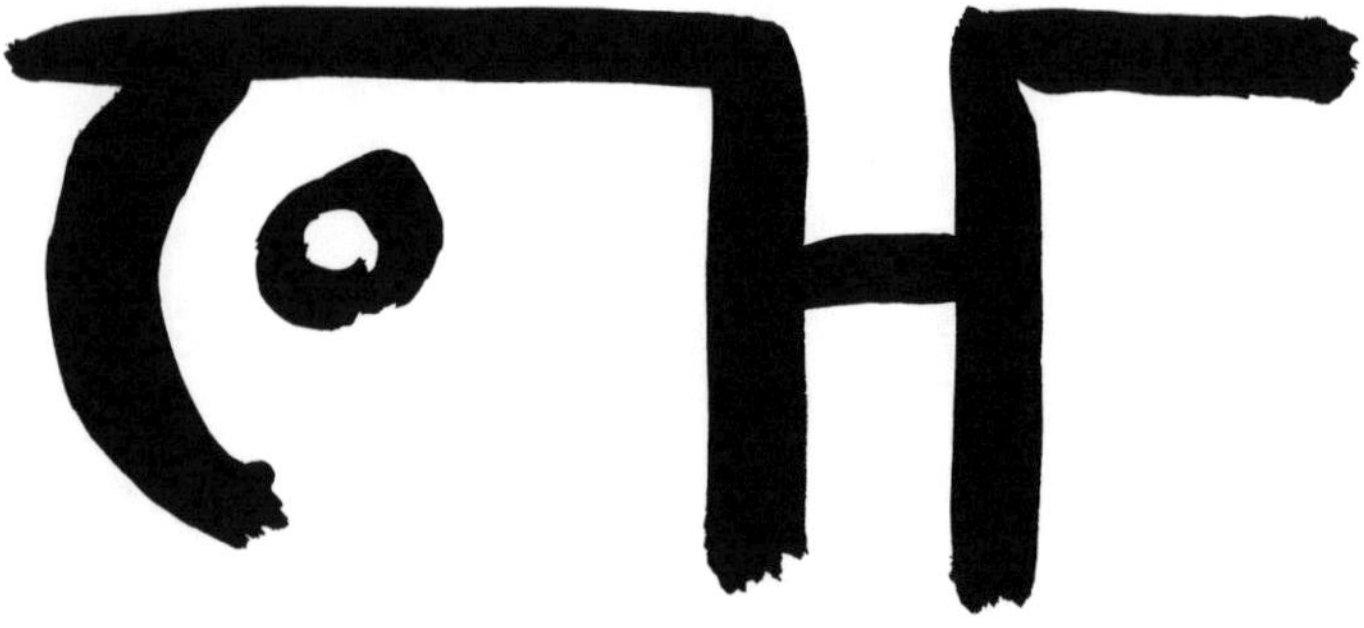

《う》

血行を生み出す

「う」の意味

血流を改善して、炎症や再生能力を高めます。

「う」の持つ音のエネルギー

血行を生み出すエネルギーを持っています。**低血圧や高熱が出たときのケア**に役立つ音です。

む

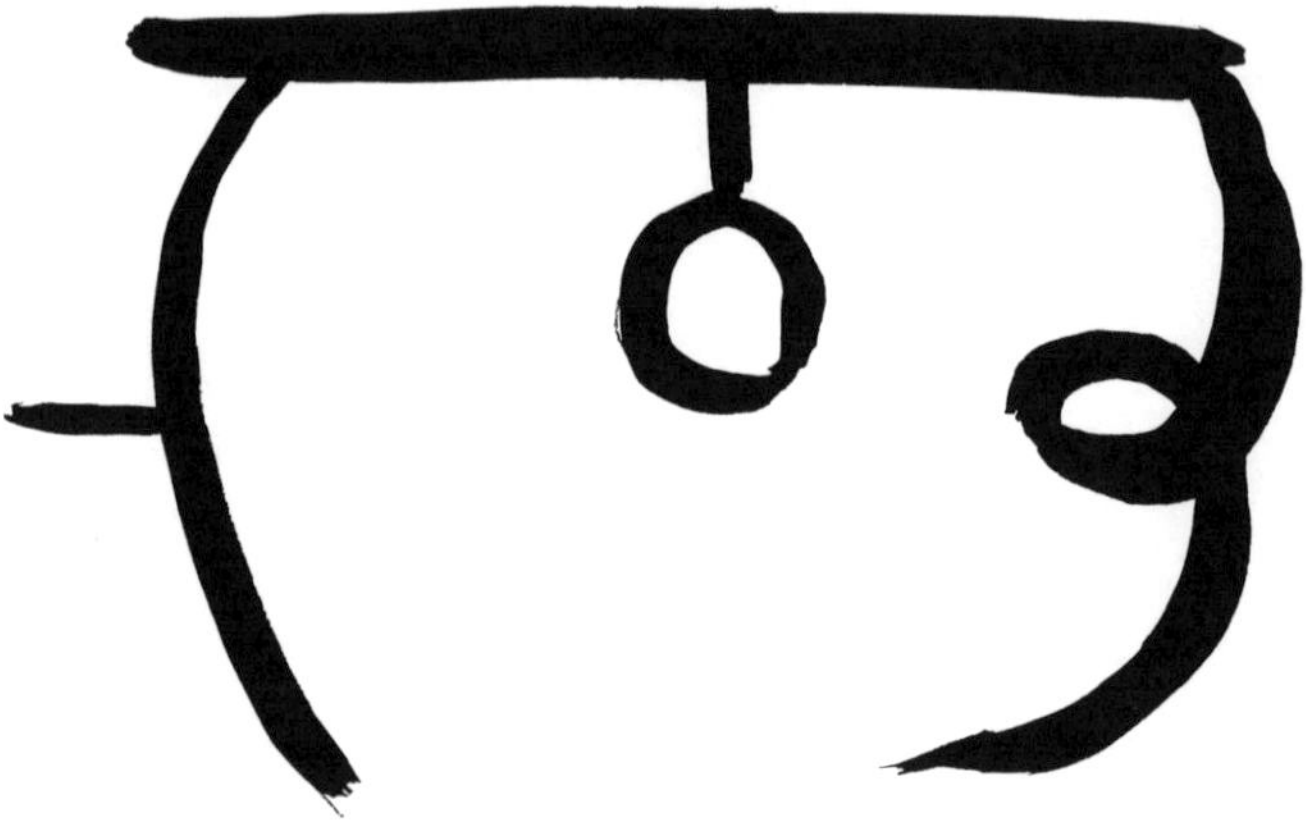

む

回復力を高め、全身疲労に効果的

「む」の意味

大きな力で物を動かすことができます。目に見えないエネルギーです。

「む」の持つ音のエネルギー

回復力を高めるエネルギーがあります。**全身疲労**などに効果的です。

く

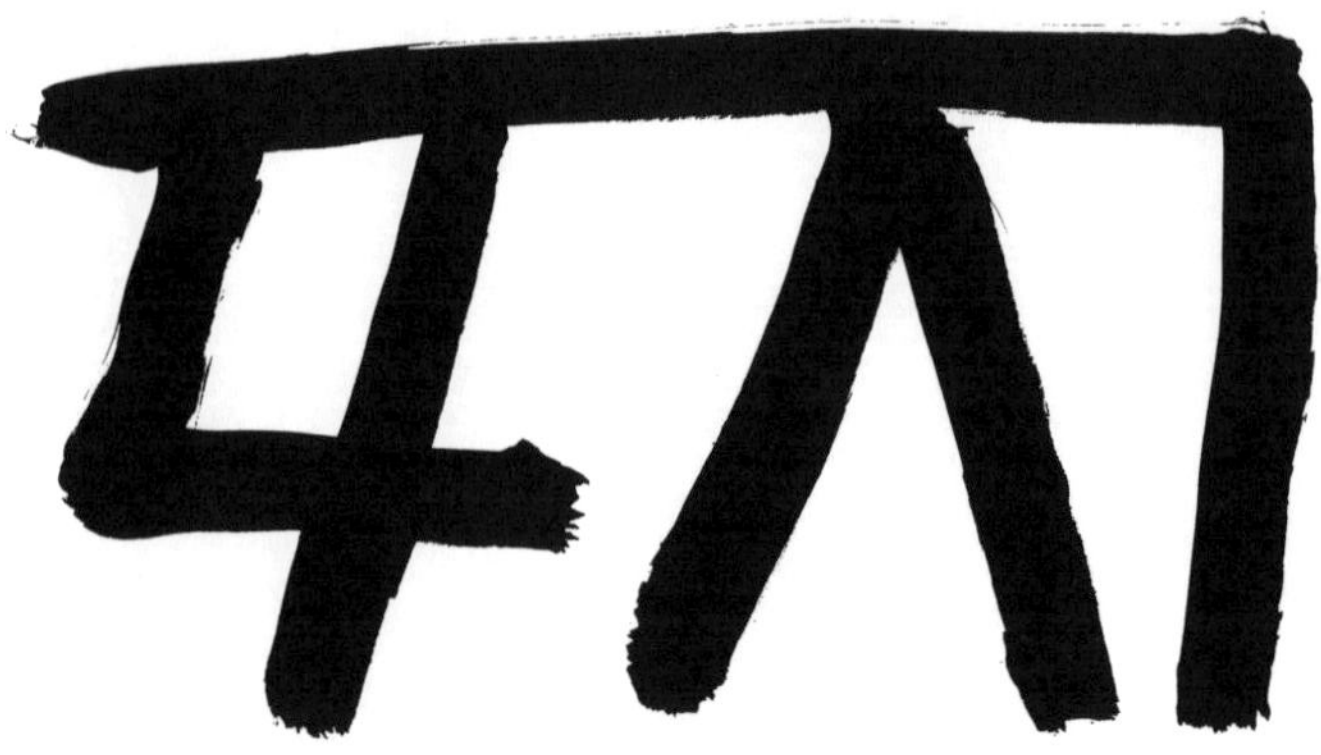

く

金運アップに効果的

「く」の意味

人の世ならばお金。からだならば血液。心の中の感謝の気持ち、ありがとうの心が表れています。

「く」の持つ音のエネルギー

「く」は、来る。**お金がなくて首が回らないときに、助けてくれる**エネルギーを持っています。手のひらに龍体文字で「く」を書くと、**金運アップ**につながります。

え

え

因縁《いんねん》による感情の揺れを鎮める

「え」の意味

魂《たましい》の中に溜まっている囚《とら》われを綺麗にしてくれる文字です。よく活用して、新しくクリーニングした姿になりましょう。

「え」の持つ音のエネルギー

因縁による激しい感情の揺れを鎮めるエネルギーを持っています。また、「会う」という意味があり、一生のうち**心と心でつながっていられるような友人に出会える**よう、導いてくれます。

て

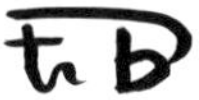

楽しく、ハッピーになりたいときに最適

「て」の意味

逞しく、強く、明るく進むためのエネルギーです。自分を鼓舞《こぶ》して、陽気に暮らしましょう。

「て」の持つ音のエネルギー

楽しく、ハッピーに、心地よくなりたいときに使うとよいエネルギーを持っています。

ね

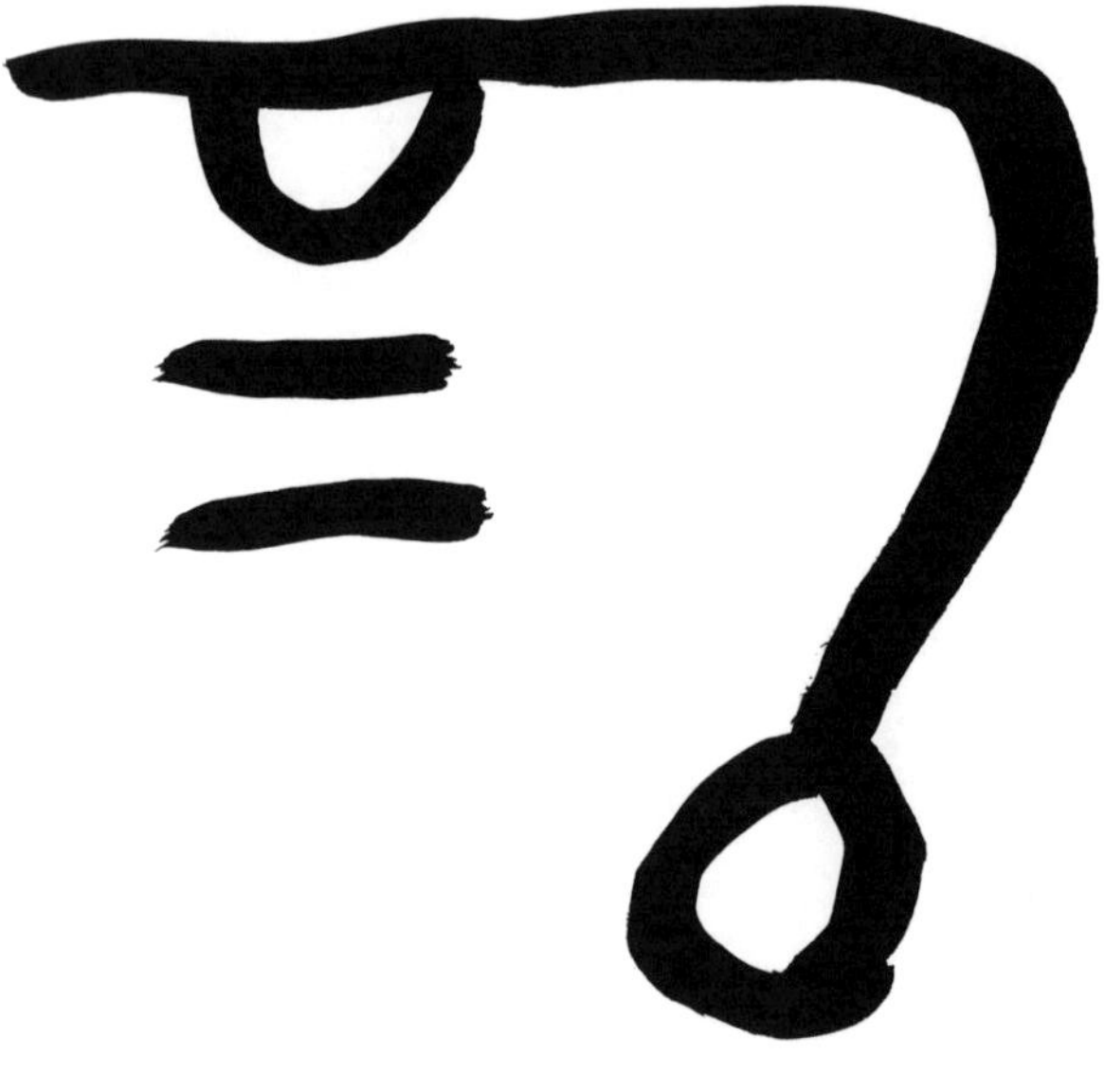

ね

自閉症の人などの問題解決に効果的

「ね」の意味

思い込みや、心の殻《から》を破って新しい世界に羽ばたくのを助けます。心の壁をぶち破って思い込みから解放し、羽ばたきます。

「ね」の持つ音のエネルギー

人との交流が苦手な自閉症の方などの問題解決に、効果的なエネルギーを持っています。

せ

せ

思い込みや心のブロックを外す

「せ」の意味

世の中の流れを変えていく力を出してくれます。

「せ」の持つ音のエネルギー

思い込みや、心のブロックを外したいときに活用するとよい言葉です。

こ

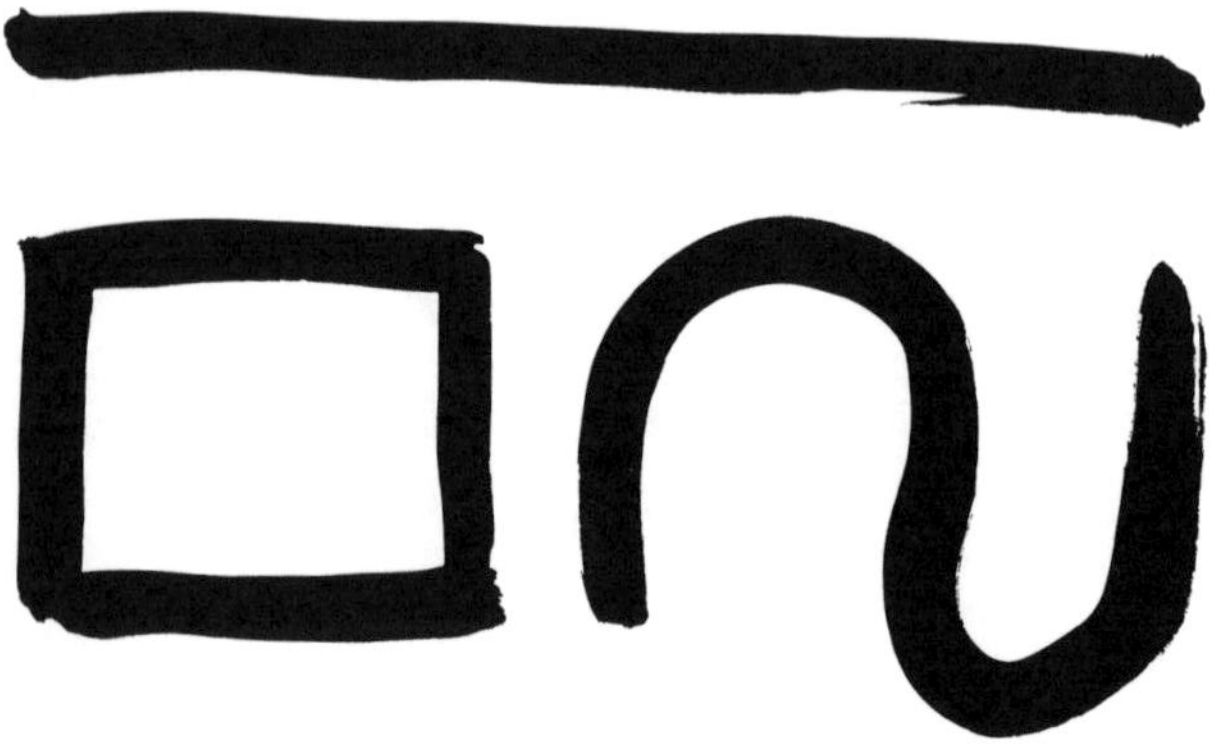

こ

自分の気持ちを素直に伝えたいときに役立つ

「こ」の意味

一人ぼっちになっても寂しくならないで、陽気に逞しく勇気を持って生きられるようになる言葉です。

「こ」の持つ音のエネルギー

「孤独」という意味を持ちます。**自分の気持ちを素直に伝えたい**ときに使うとよい言葉です。

け

け

コントロールできない感情をリセットする

「け」の意味

重いものや動かないもの、役に立たないものを動かしていくための文字です。

「け」の持つ音のエネルギー

「つなぐ」という意味を持ち、**コントロールできない情動をリセット**するエネルギーを持っています。

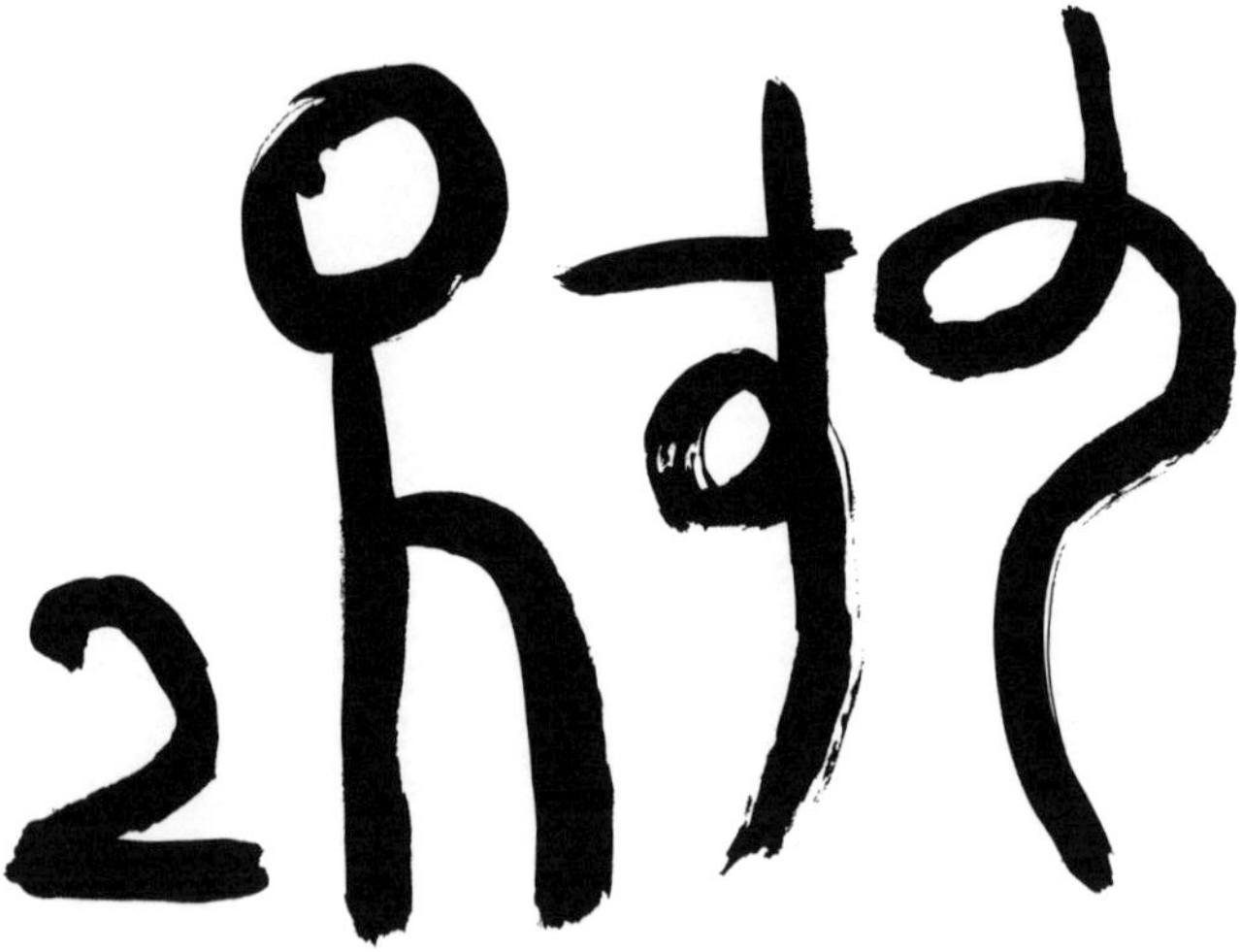

お

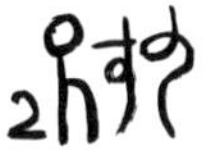

骨の痛みを緩和《かんわ》させる

「お」の意味

硬《かた》いものをより硬くする。鍛《きた》える言葉です。

「お」の持つ音のエネルギー

骨の痛みをスーッと和らげ、緩和させるエネルギーを持っています。

れ

れ

腎臓《じんぞう》や三半規管《さんはんきかん》の不調を改善してくれる

「れ」の意味

とても細かい繊細なところを注意深く集中して整えるエネルギーがあります。また、目に見えないところの形を整える働きがあります。

「れ」の持つ音のエネルギー

腎臓や三半規管の不調を改善するエネルギーを持っています。

よ

よ

自然治癒力がアップする

「よ」の意味

同じ波動を持って近くにいる、お互いに元気になる友だちと会う。そんな引き寄せのエネルギーを持っています。

「よ」の持つ音のエネルギー

「喜び」を意味します。「を」と同じく、**自然治癒力を高める**エネルギーを持っています。

ろ

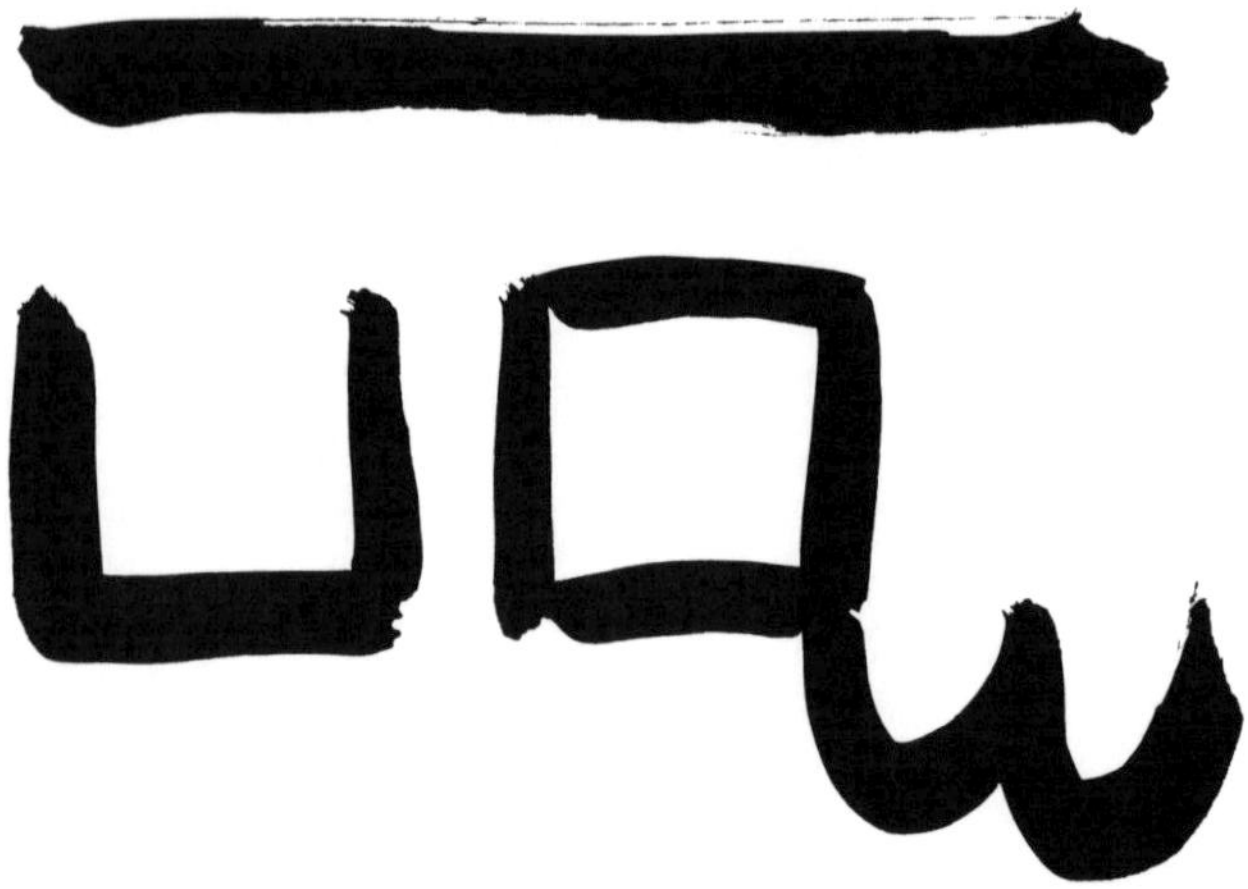

ろ

悩みや気になる過去をサポートする

「ろ」の意味

精霊《せいれい》の働きを強め、光につながって、大いなる源を思い出す。

「ろ」の持つ音のエネルギー

何に悩んでいるかわからないとき、過去のことが気になるときに、力になってくれる言葉です。

そ

そ

試合の前、怒られる前などに役立つ

「そ」の意味

最小のもの、小さなもの、単純なものです。それが集まってすべてになります。自分という意識が生まれて、そこから長く続いています。

誰も自分を育ててはくれないので、自分で成長するしかありません。勇気を持って進んでください。

「そ」の持つ音のエネルギー

「そ」は素粒子《そりゅうし》。**試合の前や、怒られそうなとき**は、「そ」の音のエネルギーをもらうとよいでしょう。

の

の

パニック障害など、精神が不安定なときの助けになる

「の」の意味

何も怖がることはありません。すべてのものはあなたのために、私のためにあるのです。粛々《しゅくしゅく》とすべてを受け入れて、淡々と今すべきことをすればいいのです。

「の」の持つ音のエネルギー

「の」は、「なる」、「今ここ」を意味します。**パニック障害など、精神が不安定なときに助けとなる**エネルギーです。

ゆ

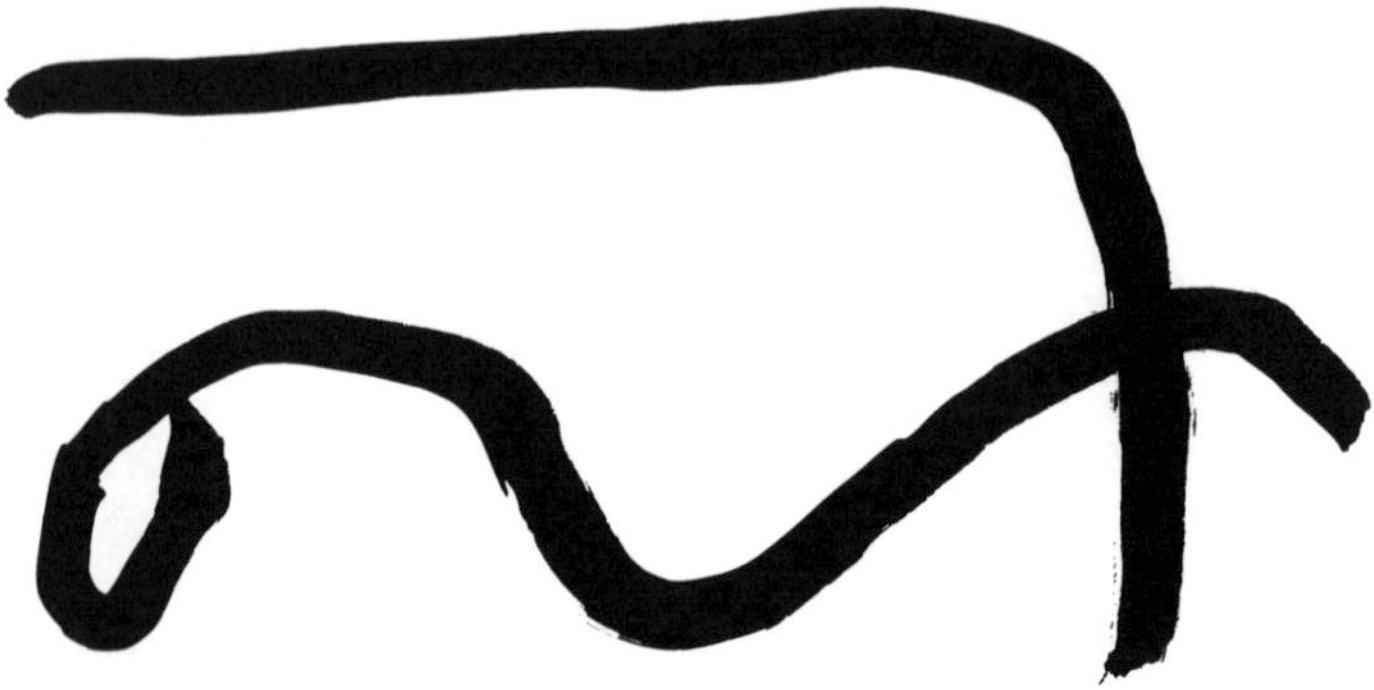

ゆ

絶対に許せないことを許すことができる

「ゆ」の意味

思い切ったことをする。自分を変える。新しい出発の準備。

「ゆ」の持つ音のエネルギー

「ゆ」には「跳ねる」という意味があり、**絶対に許せないことを許す**というエネルギーがあります。

ん

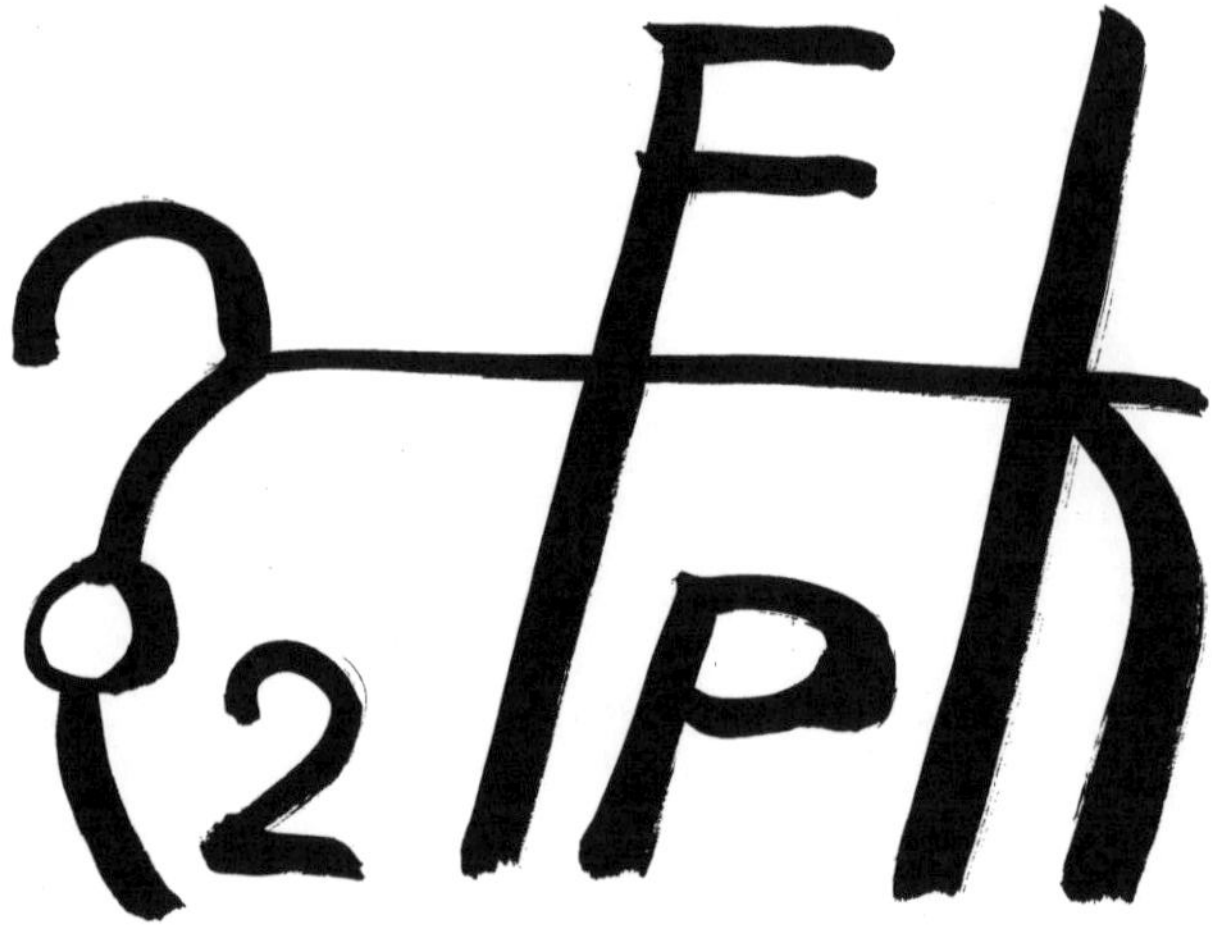

ん

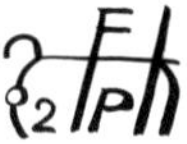

睡眠の質を高めてくれる

「ん」の意味

始まりで終わり。空《くう》。ゼロ。静かな、動かない。完全に緩む。

「ん」の持つ音のエネルギー

「ん」は「終わり」という意味があります。**睡眠の質を高める**エネルギーを持っています。

つ

つ

虚弱《きょじゃく》体質を改善し、心身ともに健康になる

「つ」の意味

何かワクワクする体験があることをお知らせするエネルギーがあります。面白い波動を発しています。

「つ」の持つ音のエネルギー

「つ」は「集まる」という意味があり、**虚弱体質を改善する**エネルギーを持っています。

る

る

血流を改善させ、手足の痺《しび》れなどにも効果的

「る」の意味

規則正しく働くエネルギーがあります。清らかで穢《けが》れのない、早く勢いのあるエネルギーです。

「る」の持つ音のエネルギー

「る」は**血流を改善させる**エネルギーを持っています。**手足の痺れ**などにも効果的です。

ゐ

ゐ

宇宙のエネルギーを取り入れることができる

「ゐ」の意味

忘れられた記憶を思い出して、意識していない出来事を思い出す。

「ゐ」の持つ音のエネルギー

宇宙のエネルギーを取り入れる音です。

さ

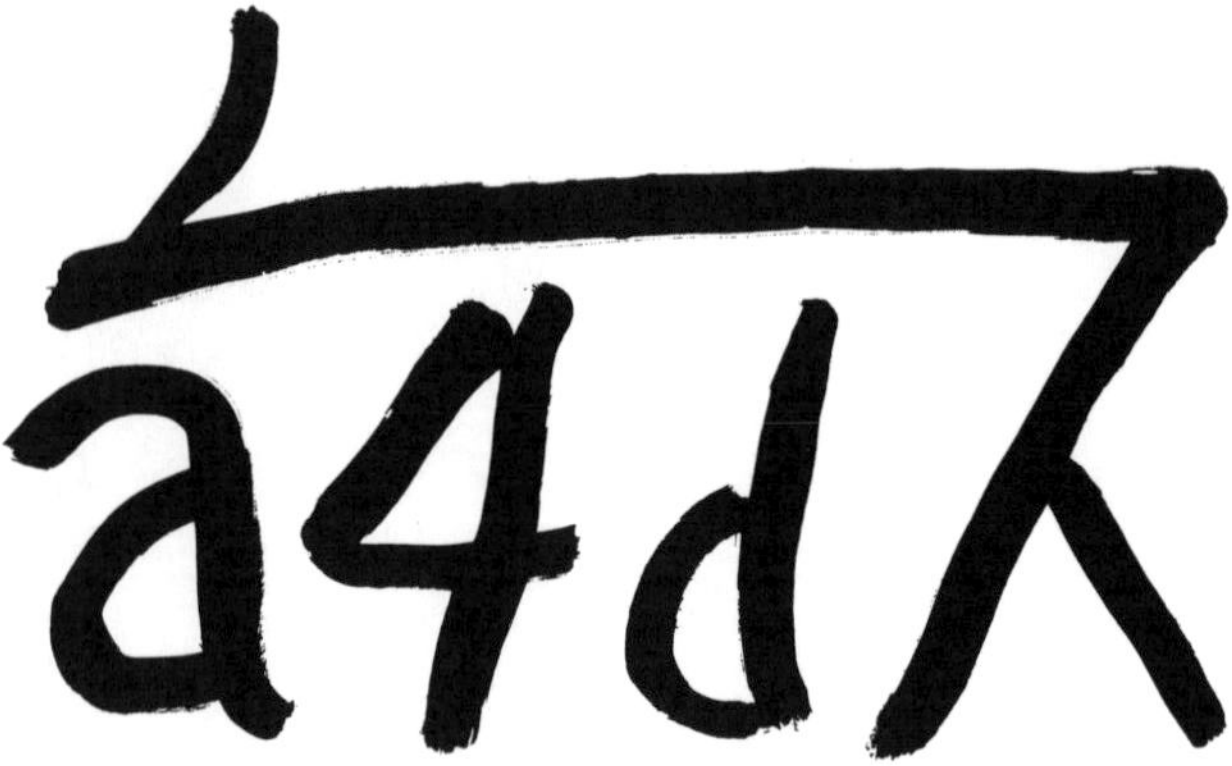

さ

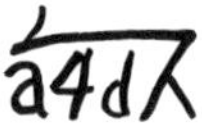

愛の終わり、命の終わりの恐怖を打ち消す

「さ」の意味

愛は永遠で、無限です。そして純粋そのものです。そのことを忘れないでください。信じることで何も怖くなくなります。

「さ」の持つ音のエネルギー

愛の終わり、命の終わりの恐怖を打ち消すエネルギーを持っています。

な

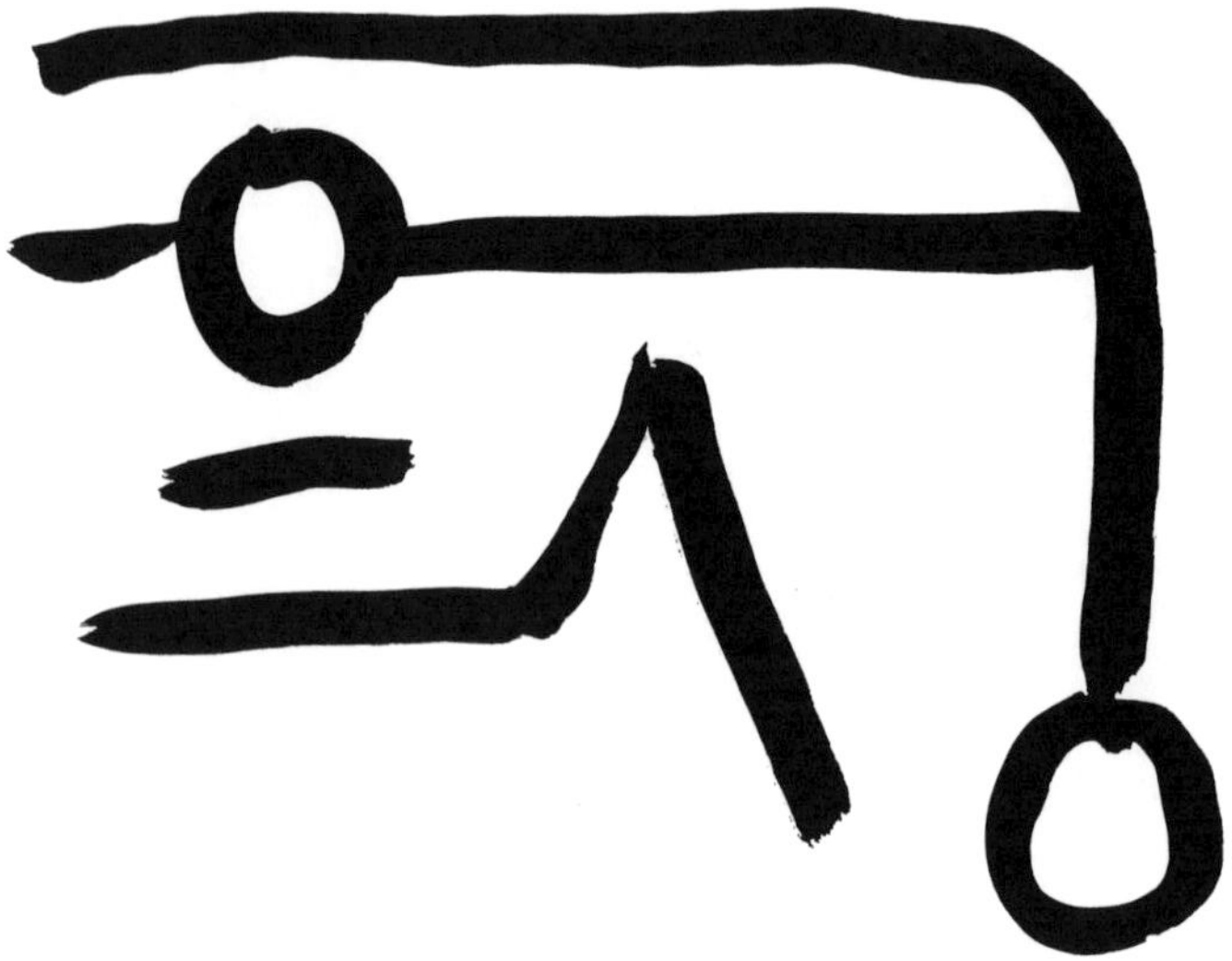

な

天と地をつなぐ

「な」の意味

人の中で孤立してどこに行けばいいのかわからなくなったとき、光のトンネルを見つけるように、救いの道が開けるような文字です。

「な」の持つ音のエネルギー

天と地をつなぐエネルギーを持っています。この世は地獄、そんなネガティブな思考を持っているようなときは、「な」の音のパワーをもらうとよいでしょう。

わ

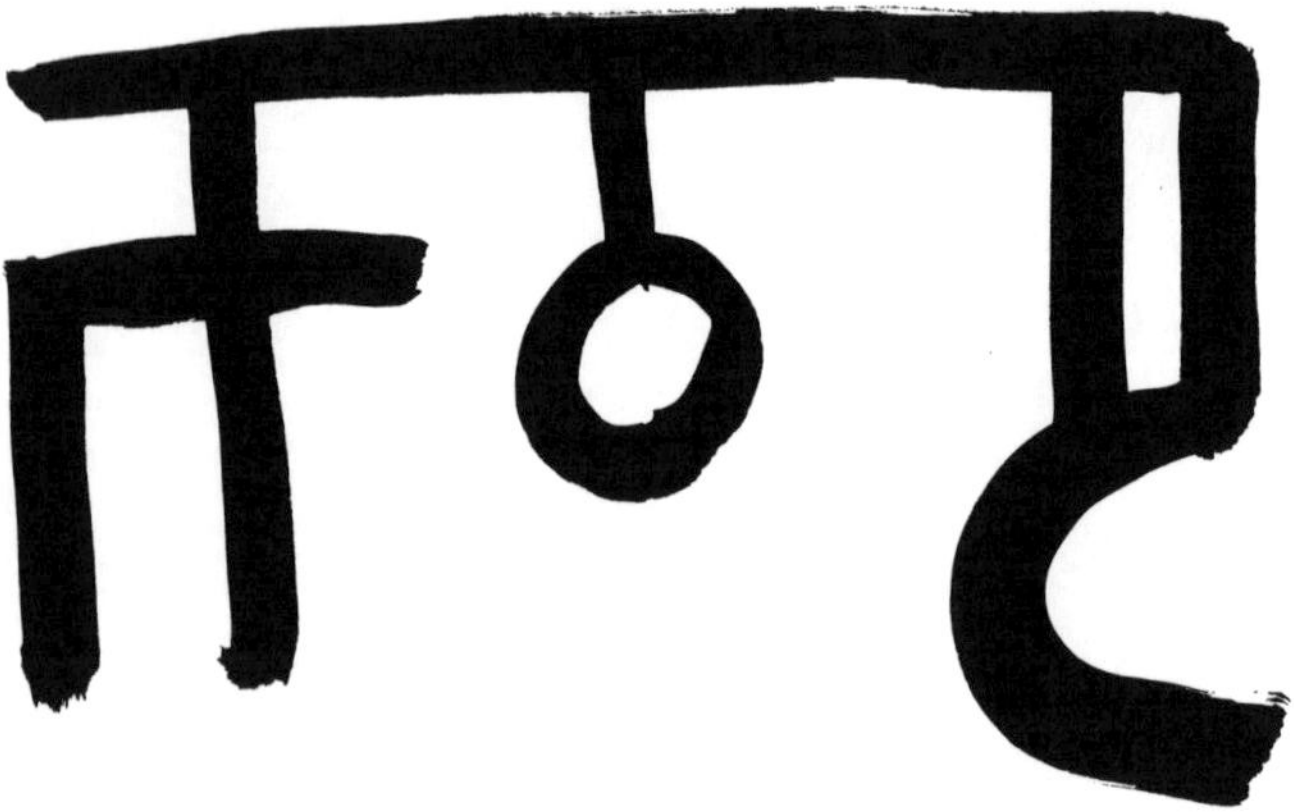

わ

調和を図りたいときに役立つ

「わ」の意味

人と人との関係がこの世の諸々、幸せ、不幸に関係しています。人と人との仲を取り持ち、何かわからない相性の悪さも解決していくようにおだやかな気持ちになる文字です。

「わ」の持つ音のエネルギー

地のエネルギーです。**調和を図りたいとき**に役立つ言葉です。

第2章

奇跡を呼び、パワーを引き寄せる組み合わせ龍体文字

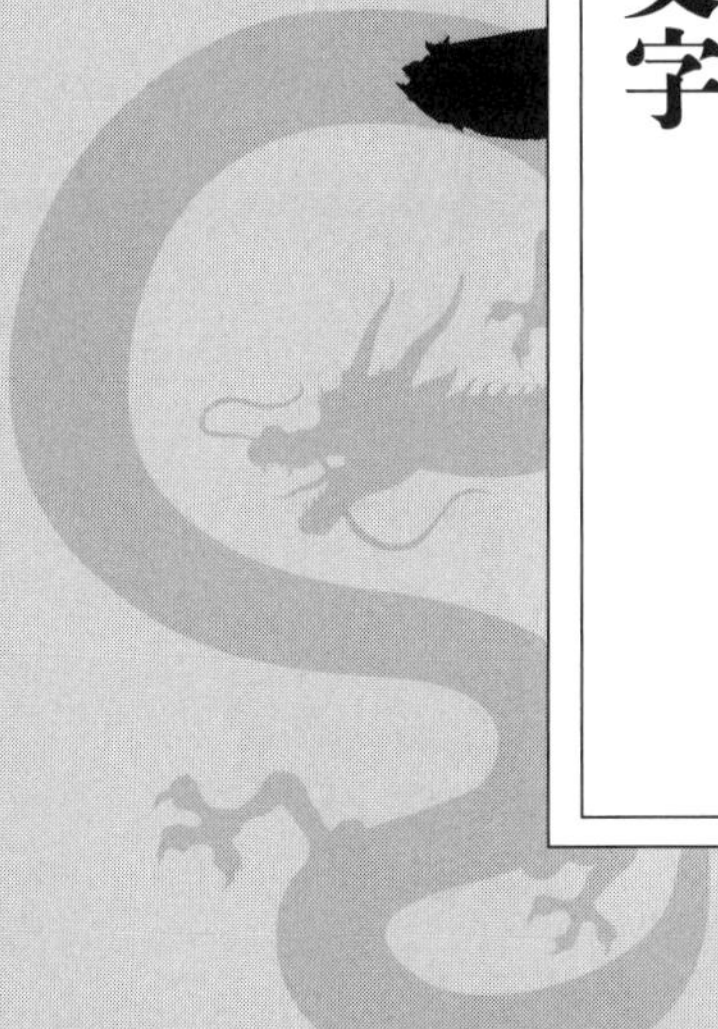

組み合わせ龍体文字一覧

やま

はら

きに

ちり

ぬう

むく

えて

ねせ

こけ

おれ

よろ

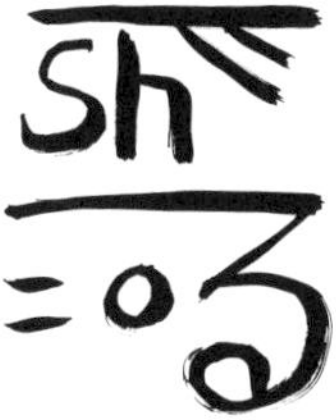

その

ゆん

つる

ゐさ

なわ

やま

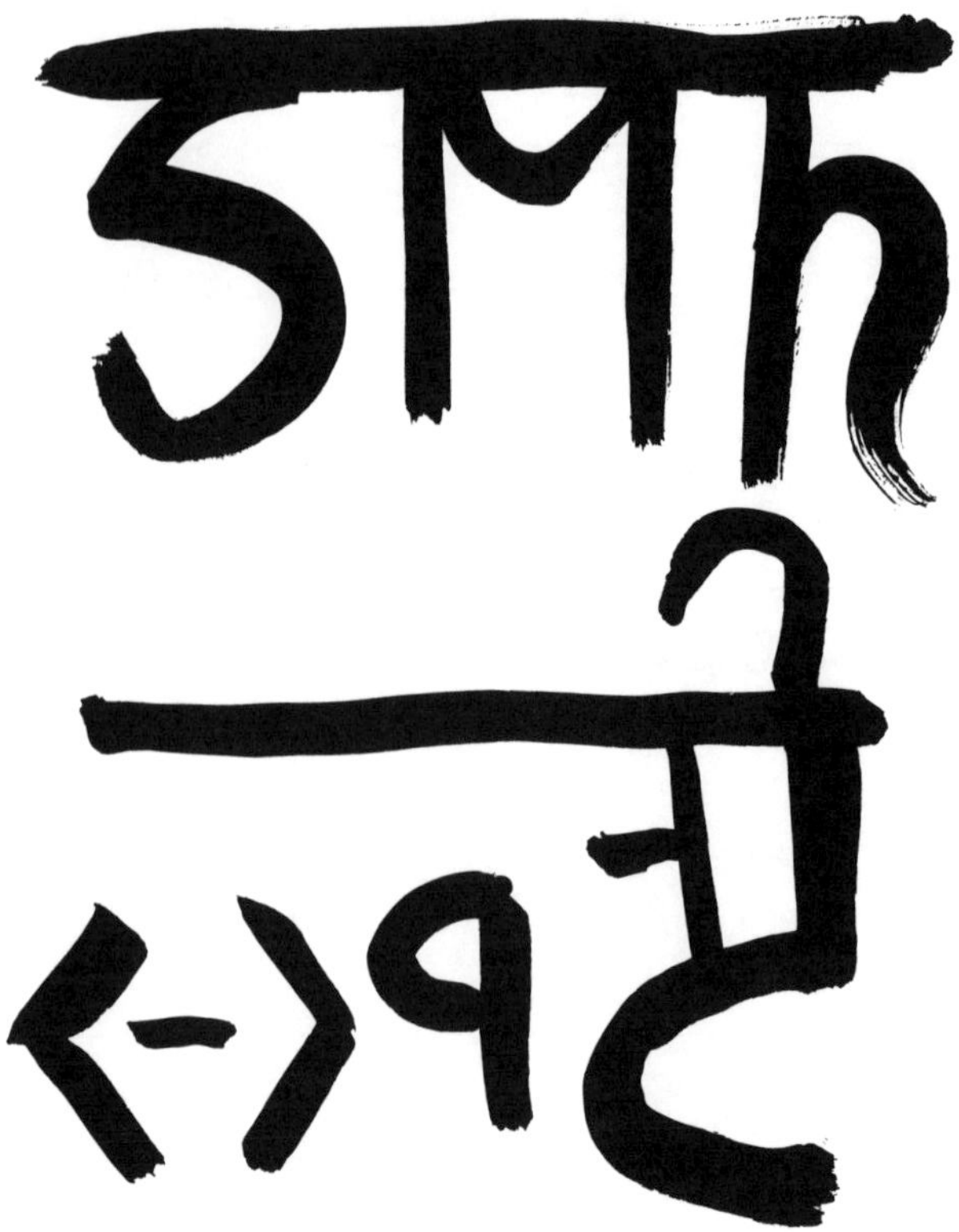

やま

森羅《しんら》万象《ばんしょう》の愛を学び、感じるのに役立つ

自動書記の解釈

人として生きていくために、必要なことを学ぶのに大切なことです。愛の勉強です。

大地の、宇宙の愛を、人の愛を、動物の、植物の、微生物の愛を、水の、空気の愛を学び、感じましょう。

「やま」の持つ音のエネルギー

「あらゆるものの愛を学び、感じることが、人として生きていくために必要なこと」、そう神さまは説いています。その**愛の学びに役立つ**文字が「やま」なのです

はら

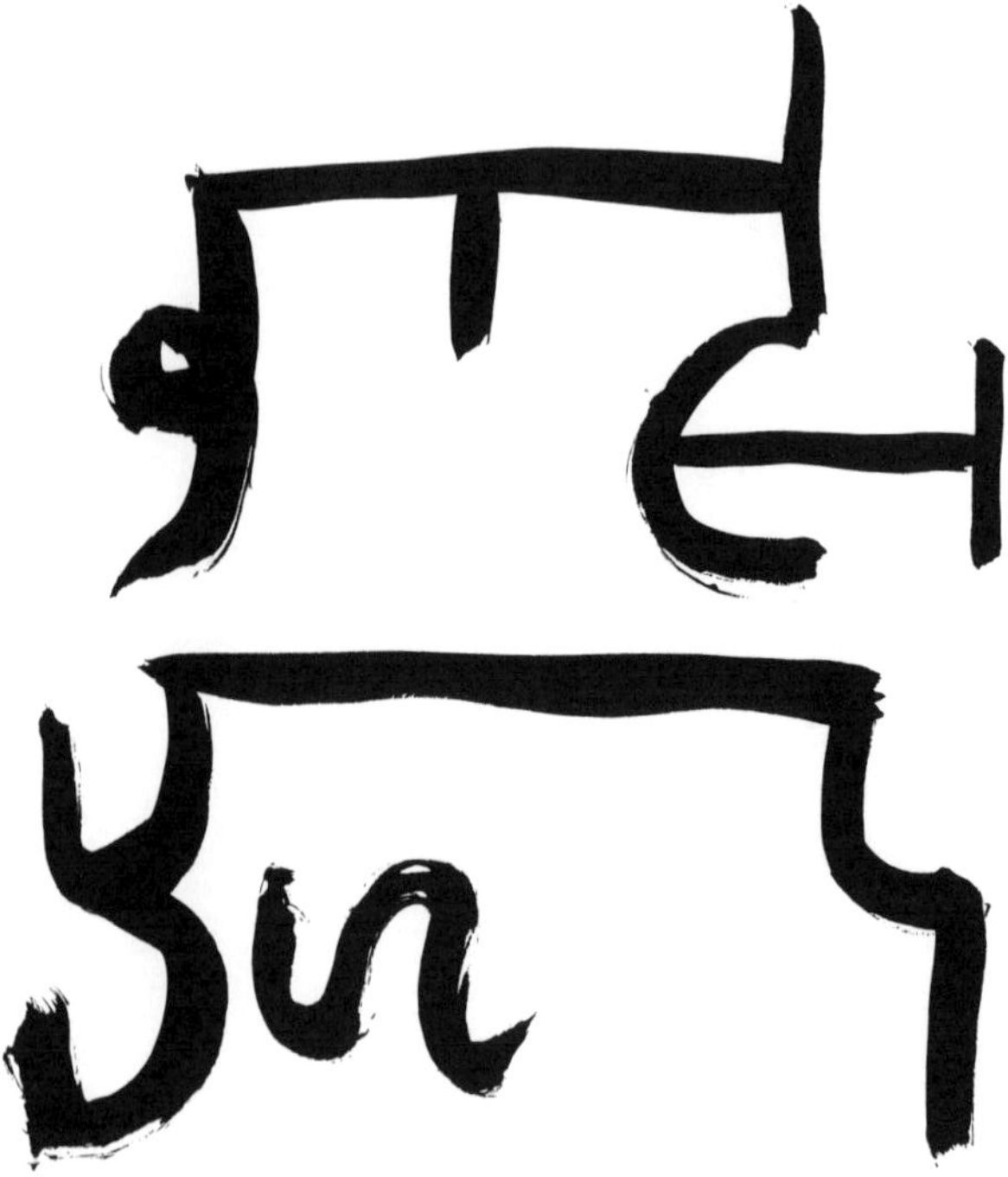

はら

精神性を高める

自動書記の解釈

大きなことを思い出して、小さなことに囚《とら》われないように。永遠の命のほんの少しの時間に貴重な体験をしているのですから、一瞬一瞬を大切に、できる限りの感覚を使って実感を味わってください。

「はら」の持つ音のエネルギー

貴重な人生の一瞬一瞬を、自分の感覚を使って大切に生きることをサポートしてくれるのが、この「はら」という文字です。**小さな問題や悩みごとから解放されたい**ときに活用するとよいでしょう。

きに

きに

心身の苦痛を和《やわ》らげてくれる

自動書記の解釈

「きに」は一番役に立つ文字といってもいいですね。からだの痛みや不調を和らげて、エネルギーを集めてくれます。

「きに」の持つ音のエネルギー

「きに」は、**からだの痛みや苦痛、不調を和らげてくれる**文字。実際私は、患者さんの痛みを和らげるために活用して、この効果を立証しています。一番役に立ち、活用範囲の広い文字といえます。

ちり

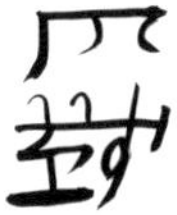
ちり

動物と仲良くする

自動書記の解釈

「ちり」は細かなものにも注意を向けて。そのひとつひとつが偶然ではないのです。心を合わせていくことで、大きな世界が広がっていきます。

「ちり」の持つ音のエネルギー

小さなものにも意識を向けて心を通わせていけば、やがて大きな世界に広がっていきます。「ちり」はそれをサポートしてくれる文字といえるでしょう。

動物と心を合わせ、仲良くしたいときに最適な文字です。また、異性のソウルメイトとつながりやすくします。

ぬう

ぬう

魚が豊かに育ち、自然が豊かになる

自動書記の解釈

海の働きを活発にして、魚を育てるようにします。

「ぬう」の持つ音のエネルギー

自動書記で得られたのは非常にシンプルでわかりやすい回答でした。**魚が元気に育つ、健全で活動的な海にするため**に「ぬう」の文字を活用しましょう。

むく

むく

多くの人に広める力がある

自動書記の解釈

「むく」はとても力強いです。物事がドンドン進んでいきます。物の流れは、血液のように広く普及します。

「むく」の持つ音のエネルギー

何かものごとを広めたいときは、「むく」の文字が持つエネルギーを活用すると効果的です。**より多くの人に広めたい、ものごとを進展させたい**ときに活用するとよいでしょう。

えて

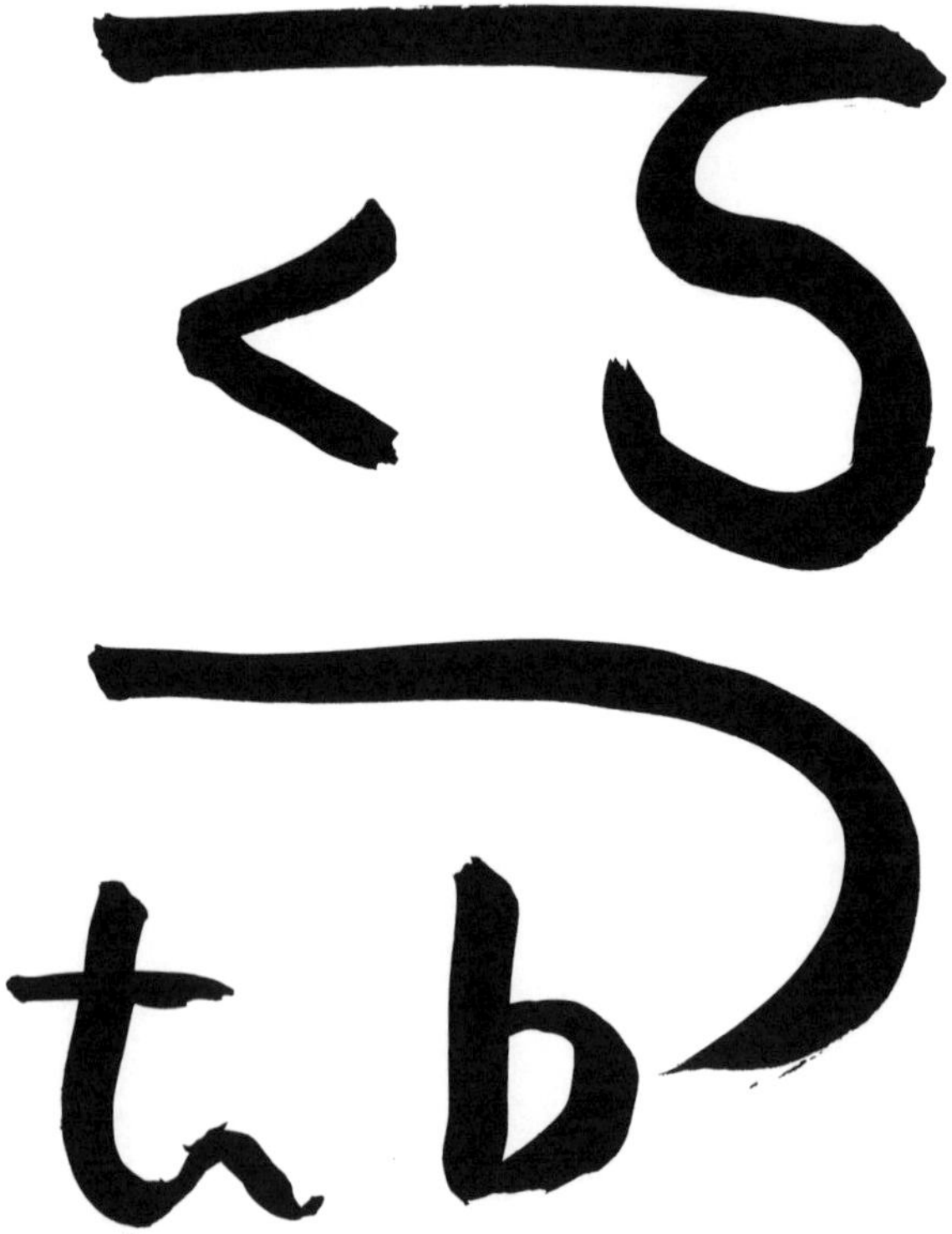

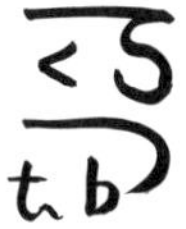

えて

夢を実現させる力。真の友だちと出会える

自動書記の解釈

得《え》難《がた》い友に会えるようになります。心と心がつながっていく友だちです。

「えて」の持つ音のエネルギー

心と心がつながっている友だちと出会うことを後押ししてくれる文字です。真の友だちを得たいなら、この文字からエネルギーをいただきましょう。

また、「えて」は自分が変わって、**夢を実現するための働きをサポート**します。禁煙、ダイエット、合格など、新しい自分になりたいときに使いましょう。この文字は、他の人に影響を与えるというより、自分が変わっていく夢の実現をサポートしてくれます。

ねせ

《ねせ》

台風、地震のときに効果的

自動書記の解釈

世界をひとつにするように。もともとひとつのものが分かれたのですから、ひとつになれるはずです。世界がひとつになるように言葉を使ってください。

「ねせ」の持つ音のエネルギー

地球意識のテラ、ガイアは引き寄せる力（引力）で、地球のすべてを作り、保っています。その地球意識の願いは世界がひとつになって、争いのない光り輝く愛の星地球になることです。

「ねせ」には世界をひとつにするパワーが備わっており、**地球の意識とひとつになる**文字です。

「ねせ」はまた、**天気になってほしいとき、台風のとき、地震のとき**にとても効果があります。

こけ

こけ

自然を豊かにする力

自動書記の解釈

「こけ」は山の木々の養いになります。国土に水を蓄えて、ドングリをたくさん育てます。

「こけ」の持つ音のエネルギー

山の木々を育て、実りをもたらすパワーとエネルギーがあるようです。自然を豊かにして、四季に実りをもたらします。

おれ

2 《おれ》 子《し》孫《そん》繁《はん》栄《えい》

自動書記の解釈

「おれ」はすべての始まりの力強い言葉です。渦巻きの始まりの力ですから、私たちは愛の証明としてかたまり、広がっていくのです。

「おれ」の持つ音のエネルギー

「おれ」は、物事が始まるときの叫びを表し、**何かをスタートさせるとき、最初の1歩を力強く踏み出ときの気合のエネルギー**を表しているようです。

子宝に恵まれたいと希望するとき、手のひらにこの文字を書いたり、「おれ」と書いたものを身につけていると子宝に恵まれたという報告をよくいただきます。

よろ

よろ

ソウルメイトを引き寄せる

自動書記の解釈

多くの文明が神の世を作ろうとして滅びていきました。「よろ」は再び魂の進化のために動き始めています。魂の隣人がそろって同じ時を生きるように、救世のソウルメイトの一団が今ここにいるのです。

「よろ」の持つ音のエネルギー

多くの文明が神の世を作ることに挑戦して滅びていったことを表します。「よろ」は**魂を進化させる**ことに役立つのでしょう。そのために必要な**ソウルメイトを引き寄せる**エネルギーがあるようです。

その

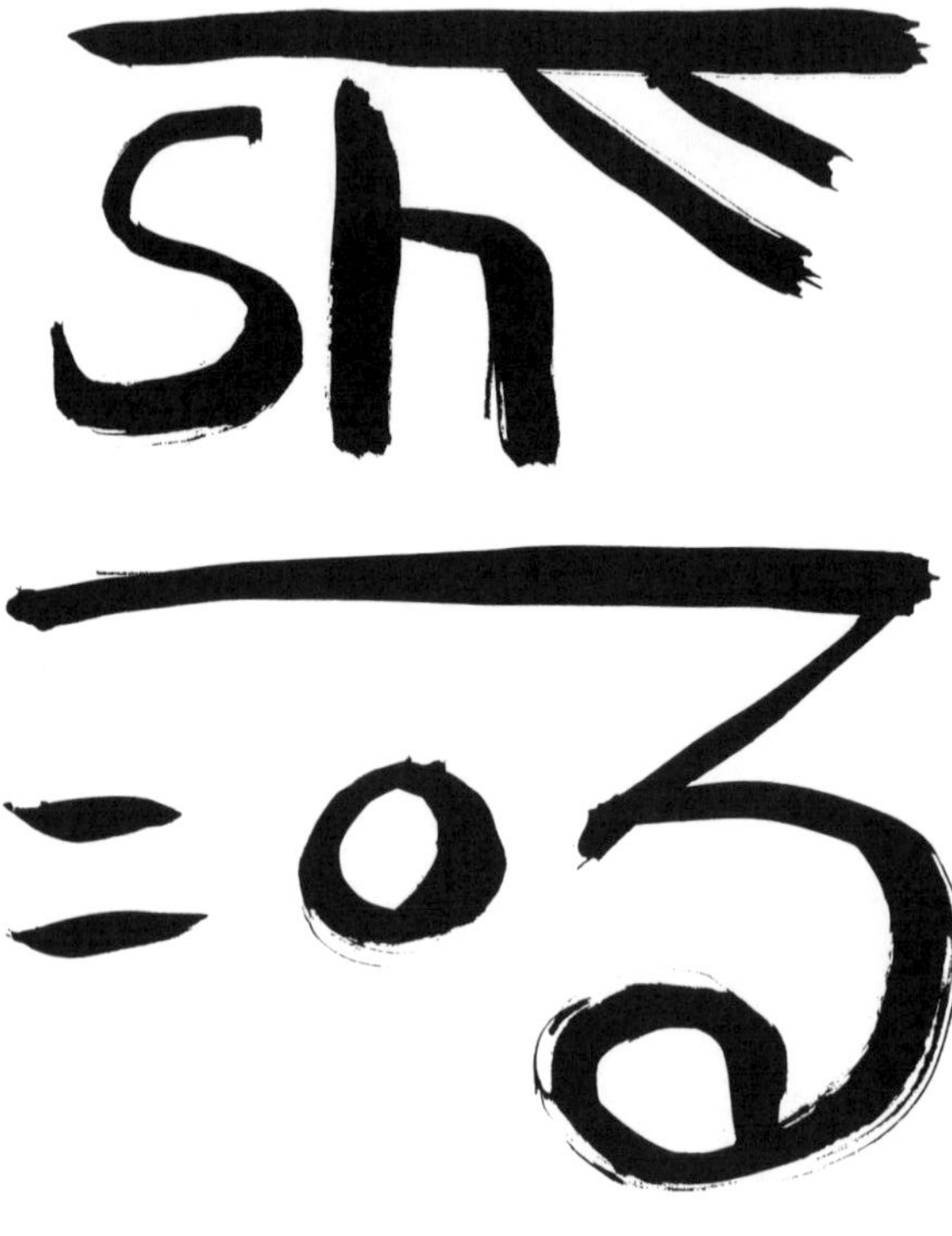

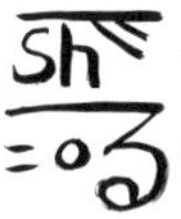

その

すべての生命のつながりを深め、強める

自動書記の解釈

そもそもは、神さまからきているのですから、根源にかえって、すべての命のつながりを深めて強めるように。

「その」の持つ音のエネルギー

すべての命のつながりを深め強める文字が「その」ということだと解釈できます。もともとはみな神さまから生まれてきたのだということを初心にかえって思い出し、すべての命のつながりを深めて、ひとつにつながろうという神さまからのメッセージです。

ゆん

ゆん

言葉のコミュニケーションを円滑にする

自動書記の解釈

日本語の神さまが、上手に伝えられるように、言葉を発声したり、文字を書いたり、心が通じるように。

「ゆん」の持つ音のエネルギー

「ゆん」は、**言葉によるコミュニケーション**をつかさどる文字のようです。**大切なことを伝えたり、手紙やメールを書いたりするとき**に、この文字をお守りにするとよいかもしれません。コミュニケーションを円滑にしてくれます。

「ゆん」はまた、手のひらや、額、枕に書くと、安らかな眠りに入ることができ、**熟睡できる**ようになります。

つる

つる

より多くの人を集める力がある

自動書記の解釈

「つる」は人を集めることが得意です。多くの人が楽しそうだと集まってきます。

「つる」の持つ音のエネルギー

イベントなどで集客したいときに効果抜群です。お店やイベントを開催する場所に貼ったり、チラシに印刷するとよいでしょう。また、「むく」と合わせて書くと、**商売繁盛**につながります。

ゐさ

ゐさ

探《さが》しものを見つけるのに役立つ

自動書記の解釈

「ゐさ」は忘れられた言葉ですが、文字としても発音としても、たまには意識して発音したり、書いたりしてください。言葉を知る前、私たちは自由に他の生物や水や山、雲、神と話ができていたのです。

「ゐさ」の持つ音のエネルギー

自然に意識を向けて、心をつなげましょう。言葉を知る前のように、自然と自由に会話ができるかもしれません。

「ゐさ」はまた、**探しものを見つける**のに役立ちます。鍵やチケットなど大切なものが失くなったときには、「ゐさ」を手のひらに書いて探しましょう。

なわ

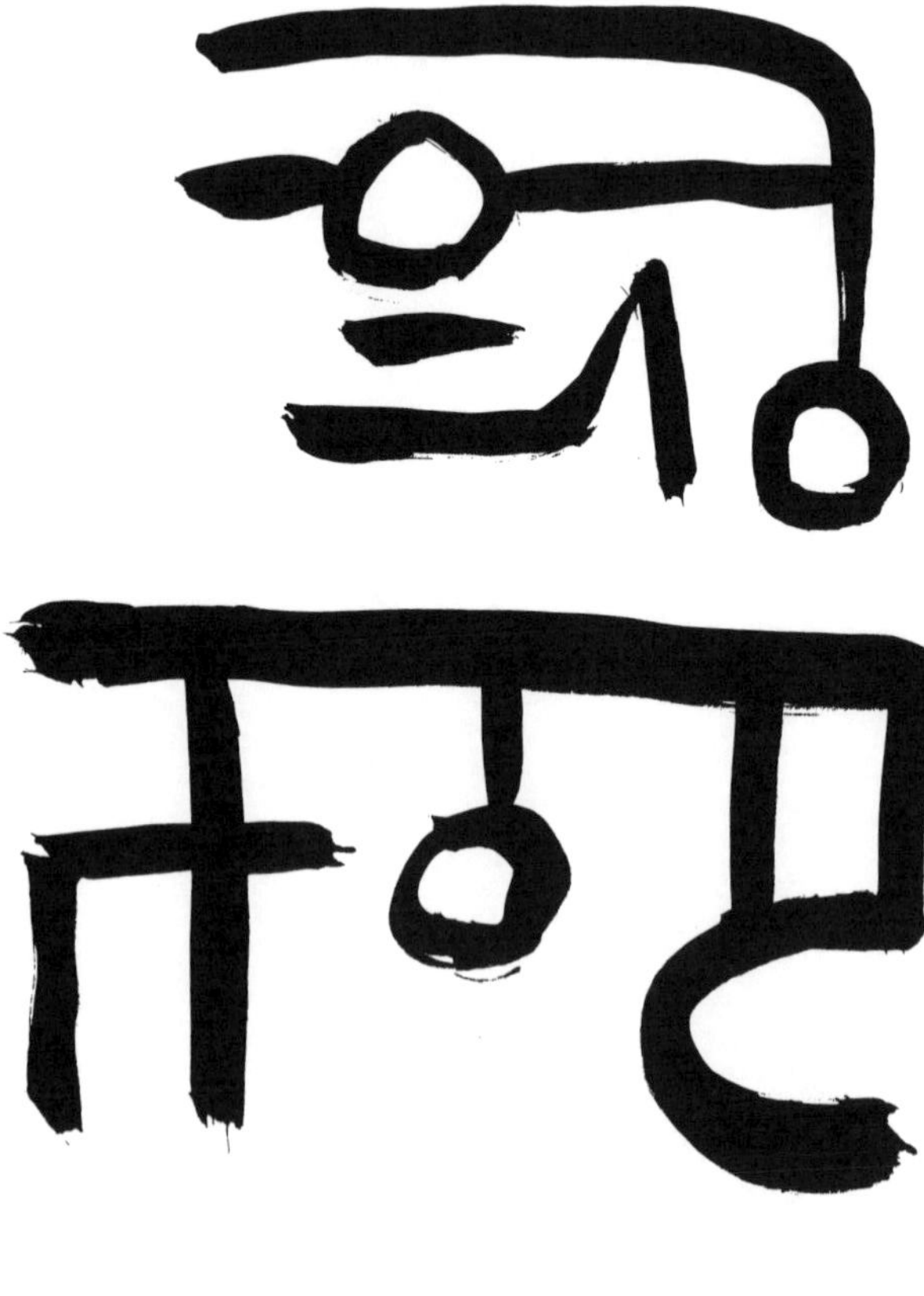

なわ

神さまやご先祖さまとつながることができる

自動書記の解釈

遠い昔の神さまや、ご先祖さまの力をいただいて、今の自分があることを思い出してつながることです。

「なわ」の持つ音のエネルギー

「ねせ」や「その」と同じように、「なわ」も**原点回帰**を表す文字です。「ここ一番」というときに、原点回帰をすることができます。

「なわ」は、とくに**神さまやご先祖さまとのつながり**を意味しているようです。

「なわ」はまた、自閉症などの方が**パニックになりそうなとき**に手のひらに書くと穏やかになります。

自動書記のこと

29歳の頃から、手が勝手に動いて文章が出てきました。それが自動書記《じどうしょき》の始まりでした。

そのとき、脳波を測っていただいたのですが、θ波《シータは》が出ていました。眠っているときの脳波です。超能力者が超能力を使っているときにも、θ波が出るといわれています。

しかし、ただ不思議なことが起こるからといって、喜ぶわけにもいかないので、「審神者《さにわ》」（神託を受け、神霊を解釈して伝える者のこと）ができる身近な先生方に見ていただいたところ、「よい神さまだから、そのままにしておいていいですよ」とのお墨付きをいただきました。昔から、霊能者と審神者がセットではじめて認められていたらしくて、日本の不思議な事柄に対する姿勢は洗練されているなと感じます。

霊能者の人が高級霊、釈迦、キリストや創造の神のようないい神さまにとりつかれているのか、ちゃんとそのメッセージを受け取っているのか。それとも、邪霊、悪霊にそそのかされているのか、または、心の病気なのか？　そういう判断をしていただいてから、その人の受け取ったものを信じるということだったようです。

私が自動書記をしているときは、神さまの声が聞こえるわけではありません。手だけが勝手に動き、あとでそれを読むまで何を書いているのかもよくわかりません。自分の意思で字を書くときとはまったく違う感覚です。書くスピードも、自動書記のときはものすごい速さで、ほとんどひらがなです。

自動書記をしてくれる神さまは、何でも質問に答えてくださるわけではありません。神さまは私より上で、私の部下ではないので、神さまが言いたいことが出てくるのです。

この能力を使って私が自動書記で龍体文字の意味を知ることができるのも、龍体文字の使い方を教えてくださるのも、神さまの御心と一致することだったからなのです。ありがたいことだと思っております。

知っておくと便利な龍体文字をピックアップ

いろはにほへと

出血を止める効果があるのが「いろはにほへと」です。

出血している箇所に、円を描くように直接「いろはにほへ」と書き、その円の中央部に「と」と書いてみてください。傷も早く治るようです。

いろは

不快な鼻づまりを解消するには、「いろは」の文字を書いた紙を首の後ろに貼ってみてください。しばらくすると、スーッと鼻づまりが解消されて、呼吸が楽になります。

きに

心身ともに健康になりたいときは、手のひらに「きに」と書くといいでしょう。不調の部位やそのまわりに書くと、苦痛や症状が改善されますので、実践してみてください。この文字には、痛みや持病の改善など、生命力を高めるエネルギーが備わっています。

ぬ

アトピー性皮膚炎や原因不明の湿疹《しっしん》など、しつこい痒《かゆ》みを止めてくれるのが「ぬ」です。痒みの部位に直接書くか、紙に書いて貼ってみてください。

えて

この文字には、夢を実現させる力が宿っています。夢が実現したときのことを思い描き、この文字をなぞってみてください。

おれ

この文字には、人間をはじめ動物や植物など、この世に存在する生物の子孫繁栄のエネルギーがあります。赤ちゃんがほしい、という方は、この文字を活用すると、神さまからの贈り物を授かれるでしょう。

く

この文字は、お金に困らないようにサポートしてくれる金運アップのエネルギーを持っています。手のひらにこの文字を書くとよいでしょう。

す

苦手なことを克服したいときに活用してみましょう。「人前で話すのは苦手だな」「飛行機に乗るのが怖いな」、そんなときに何回かこの文字を紙に書くと、リラックスできます。

つる

この文字には人を集めるエネルギーが宿っています。集客したいイベントや講演会のチラシなどにこの文字を書くと、効果抜群です。

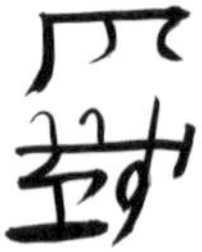

ちり

この文字には、動物と仲良くなるエネルギーがあります。動物と気持ちが通じ合える効果が期待できます。

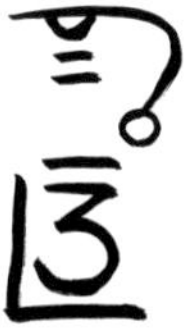

ねせ

歌、絵、楽器、踊りなど、芸術関係の能力を向上させたいとき、効果があるのがこの文字です。また、天気に関する願いもかなえてくれるので、明日は晴れてほしい、台風がそれてほしい、といったときには、この文字を活用してお願いしてみましょう。

ふ

悪霊や邪気から守ってくれるのがこの文字です。交通安全のお守りとして活用すると効果的です。また、手のひらや足裏にこの文字を書くと血流が向上するので、冷え性の改善にも役立ちます。

むく

この文字には、物事をはじめ、人間関係などの流れをよくするエネルギーがあります。自分の作品を売りたいときやお店をオープンするときなど、この文字を書くと、作品が完売したり、お店が軌道に乗ったりするでしょう。

ゆん

言葉のエネルギーを持った文字です。人前でスピーチするときや文章力をつけたいときには、この文字を活用すると、コミュニケーション能力も高まり、相手があなたの話や文章にどんどん引き込まれていくでしょう。また、安眠にも効果があります。

よろ

恋愛運を向上させたいときに活用しましょう。運命の人を磁石のように引き寄せてくれるかもしれません。幸福感に満たされ、魅力的な人間になれるエネルギーもあります。

龍体文字「フトマニ図」

なぞって「フトマニ図」を完成させましょう

おわりに

龍体文字の本をまた世に出すことができました。今回も目に見えない、私をいつも助けてくださっている神さまのお力を受けて、仕上げることができました。

最初の龍体文字の本は、不思議なエピソードがたくさんありました。

本屋さんに行ったら、背表紙が光って見えて購入しました。

本屋さんに行ったら、本が落ちてきて購入しました。

龍神さまに言われて、購入しました。

などです。

何かに操られるようにして購入して、愛読してくださる方が大勢いました。

また、こんなこともありました。広島にお話に行ったときに、参加者のHさんが6枚はぎのリバーシブルのベレー帽を作って私にプレゼントしてくださいました。そのベレー帽には、ワンポイントで龍体文字の刺繍がしてあって、素敵な帽子だなぁ、と思いました。

「これが8枚はぎだったら、フトマニができますね」と申し上げたら、すぐにパタンナーの友人に頼み、1日で型紙を作ってくれました。その方はデザイナーでもあり、パタンナーでもあり、また中国茶の喫茶店もやっている方。生地のデザインもすることができるので、私の書いた龍体文字を生地の模様にしてくださり、片面が龍体文字のフトマニ図、片面が龍体文字の「きに」ばかりという帽子ができ上がりました。それは、キットになって販売されています。

http://www.soukasaisai.com/item/mm-3/

森鍼灸院でも、龍体文字フトマニTシャツやエプロン、アイマスク、胸のパッドなど龍体文字のものを扱っています。

今はコロナの時代です。今まで自由に外に出て、人と会うことができたのに、今は、ひかえめにしないといけません。仕事が減った人、仕事がなくなった人もいると思います。そういうときに龍体文字を活用してください。

健康に関することは「きに」を使って、仕事に関するものは「むく」「つる」を使って、「金運」に関するものは「く」を使って、時間がたくさんある場合は「フトマニ図」を書いて暮らしてみてはいかがでしょう。

龍体文字を使うことで人助けもできます。ぜひ活用してください。

私が書いたから効くのでなくて、誰が書いてもよく効くので、たくさんの人が愛用したり、勧めたりしてくださっています。この本も皆様が活用されて、より幸せになっていただきたいと願っています。

森美智代

2021年9月

参考文献
『開運！　龍体文字の奇跡』（マキノ出版）
『書いて開運！　龍体文字練習帳』（マキノ出版）
『色のパワーで超開運！　龍体文字ぬり絵』（マキノ出版）
『特製シール付き 貼るだけで願いがかなう 龍体文字図鑑』（宝島社）
『特製折り紙付き 折るだけで願いがかなう 龍体文字おりがみ』（宝島社）
『龍体文字で書けば夢がかなう101の言葉』（徳間書店）

編集協力：早川茉莉

森 美智代（もり・みちよ）

1962年、東京都生まれ。短大卒業後、養護教諭として小学校勤務をしていた1984年に、難病の脊髄小脳変性症に罹患。以来、西式甲田療法に専念し、病を克服。その後、鍼灸師の資格を取得し、大阪府八尾市で鍼灸院を開業。現在、森鍼灸院院長。「断食リトリートあわあわ」主宰。鍼灸治療のほか、講演などでも活躍中。
本格的な断食・生菜食療法を実施してから35年、1日青汁1杯の生活になってからは25年を超えている（2021年現在）。
著者・共著に『開運！　龍体文字の奇跡』『書いて開運！　龍体文字練習帳』『「食べること、やめました」』『「ありがとうを言う」と超健康になる』『食べない人たち』『「おうち断食」で病気は治る』（いずれもマキノ出版）、『龍体文字図鑑』（宝島社）、『「食べない」生き方』（サンマーク出版）、『断食の教科書』（ヒカルランド）など多数。

ハンディ版　毎日開運！　龍体文字のパワー
全48文字　徹底解説!!

2021年10月30日　初版発行
2024年 9 月30日　5刷発行

著　者　森美智代
発行者　小野寺優
発行所　株式会社河出書房新社
〒162-8544
東京都新宿区東五軒町2-13
電話 03-3404-1201（営業）
03-3404-8611（編集）
https://www.kawade.co.jp/

デザイン　堀口努（underson）

印刷・製本　TOPPANクロレ株式会社

Printed in Japan ISBN978-4-309-28928-1